work is not a job

Catharina Bruns ist Gestalterin und leidenschaftliche Unternehmerin. Ihr Projekt »workisnotajob.« ist das Denkprinzip und der Lebensstil einer neuen Generation von Machern. Sie hat die Mission, eine neue, positive Definition des Arbeitsbegriffs zu inspirieren und Gründergeist zu wecken. Sie lebt in Berlin.

www.workisnotajob.de

Catharina Bruns

work is not a job

Was Arbeit ist, entscheidest du!

Campus Verlag
Frankfurt/New York

ISBN 978-3-593-39800-6

Das Werk einschließlich aller seiner Teile ist urheberrechtlich geschützt.
Jede Verwertung ist ohne Zustimmung des Verlags unzulässig. Das gilt
insbesondere für Vervielfältigungen, Übersetzungen, Mikroverfilmungen
und die Einspeicherung und Verarbeitung in elektronischen Systemen.
Copyright © 2013 Campus Verlag GmbH, Frankfurt am Main.
Gesamtgestaltung und Illustrationen: Catharina Bruns
Satz: tiff.any GmbH, Berlin
Gesetzt aus der Brandon Grotesque, Scala OT
Druck und Bindung: Beltz Bad Langensalza
Printed in Germany

Dieses Buch ist auch als E-Book erschienen.
www.campus.de

Inhalt

9   Einleitung

17   **Teil 1:** Prioritäten setzen: Arbeit neu denken

»WORK IS THE TRANSFER OF ENERGY ...«
ARBEIT IST DIE UMWANDLUNG VON ENERGIE ...

19   »Laboro, ergo sum«
25   Der Arbeit neue Bedeutung geben
30   Job, Karriere oder Berufung?

»WE'D LIKE TO TRANSFER OUR ENERGY INTO SOMETHING CREATIVE AND INSPIRING«
WIR MÖCHTEN UNSERE ENERGIE SINNVOLL INVESTIEREN

37   Das begrenzte Glück von Nine-to-Five
43   Her mit dem schönen Leben!
49   Alles muss neu

»POWERFUL DREAMS INSPIRE POWERFUL ACTIONS«
MUTIGE IDEEN INSPIRIEREN MUTIGE TATEN

56   Neue (Selber-)Macher braucht das Land
65   Sich aus den Dingen etwas machen
69   Erfolg hat drei Buchstaben

»YOU ARE WHAT YOU DO«
DU BIST, WAS DU TUST

74   Reden ist Silber, Machen ist Gold
77   »Tu, was du liebst« – ein Missverständnis
81   Anspruch und Wirklichkeit
87   Lass Geld nicht deine Welt regieren
91   Warum eine Überzeugung zu haben unabhängig macht

97 **Teil 2:** Revolution beginnt im Herzen

»IF YOU'RE ACTIVE IT WILL LEAD TO SOMETHING, SOMETHING YOU CAN WORK WITH«
EIN AKTIVES LEBEN ERÖFFNET DIR DIE WELT

99 Abenteuer ist überall
104 Mach das, was du bist, zu dem, was du tust
108 Die absolute Sicherheit

»FOLLOW YOUR HEART OR IT WILL FOREVER REMIND YOU THAT SOMETHING IS MISSING«
FOLGE DEINEM HERZEN ODER ES WIRD DICH FÜR IMMER DARAN ERINNERN, DASS IRGENDETWAS FEHLT

116 Revolution beginnt hier ➡ ♥
121 Love beats smarts
124 Dem Herzen zu folgen macht auch Arbeit
126 Empathie oder Apathie?

»THE WORLD IS YOUR PLAYGROUND, NOT YOUR PRISON«
DIE WELT IST DEIN SPIELPLATZ, NICHT DEIN GEFÄNGNIS

131 Die Krise ist vorbei!
137 Wer suchet, erfindet
143 Vor dem Können kommt das Wollen
147 Die Gefängnistür steht weit offen

»WORK ON WHAT YOU LOVE AND SHARE IT WITH THE WORLD«
GEH AN DIE ARBEIT UND TEILE DEINE LEIDENSCHAFT

151 Kritiker sind Kritiker
155 Nicht für andere, sondern mit anderen arbeiten
159 Esprit de corps

163 **Teil 3:** Work is not a job. Die einen nennen es Arbeit. Wir nennen es Leben

»YOU ARE RESPONSIBLE FOR THE TALENT THAT HAS BEEN ENTRUSTED TO YOU«
DU BIST VERANTWORTLICH FÜR DEIN EIGENES TALENT. MACH WAS DRAUS!

165 Schaffe, was du auf der Welt vermisst
171 Mach mehr selbst!
175 Finde eine Lösung

»WHAT YOU DO EVERY DAY IS MORE IMPORTANT THAN WHAT YOU DO ONCE IN A WHILE«
DAS, WAS DU JEDEN TAG TUST, IST WICHTIGER ALS DAS, WAS DU AB UND ZU TUST

179 Tun, was man nicht lassen kann
185 Wie geht nochmal das »echte« Leben?
192 Busy is the new happy?

»WHEN YOU DO WHAT YOU LOVE EVERYDAY, IF YOU GET UP AND YOU'RE EXCITED ABOUT WHAT YOU DO – IT'S GOOD FOR EVERYONE«
WENN DEINE ARBEIT DICH BEGEISTERT, KANN SIE AUCH ANDERE BEGEISTERN

196 »Workaholic« ist eine Beleidigung
201 Deine Arbeit ist ein Geschenk
205 Auf den eigenen Weg vertrauen

»HAVE A VISION TO STRIVE FOR«
EINE VISION HABEN, FÜR DIE SICH DIE ARBEIT LOHNT

212 Gegen das Dagegen, für das Dafür
217 Zeit ist Leben
221 Warum stehst du morgens auf?

»DREAM, CREATE, INSPIRE – WHAT YOU MAKE IS IMPORTANT«
WAS DU GESTALTEST, IST WICHTIG!

226   **Arbeit ist ...?**
229   **Uns nach, Kollegen!**

233   **Über die Autorin**
234   **Dank**
236   **Anmerkungen**
238   **Literatur**
239   **Zitate**
239   **Links**
240   **Illustrationen**

Einleitung

> »Arbeit mag ich nicht – kein Mensch mag sie –, doch ich mag, was in der Arbeit steckt: die Möglichkeit, sich selbst zu finden«.
> – Joseph Conrad

»Arbeit ist...« Wenn Sie diesen Satz begeistert zu Ende führen können, dann gratuliere ich Ihnen. Und am liebsten möchte ich sofort wissen, woran Sie arbeiten! Sie führen sicher ein glückliches Arbeits- und überhaupt ein interessantes Leben.

Wenn jetzt allerdings ohne großes Überlegen eine nüchterne bis negative Einordnung aus Ihnen herausgeplatzt ist, dann wundert es mich nicht. Wie fühlen Sie sich, wenn Sie jemand fragt, was Sie »so beruflich machen«? Haben Sie etwas zu tun, auf das Sie sich schon morgens freuen? Nein? Dann gehören Sie zu der Mehrheit der Menschen, die Arbeit und ihre positive Bedeutung endweder verkennen oder nicht erfahren haben. Und zwar aus einem einfachen Grund. Sie machen die falsche. Sie richten sich zu sehr nach den Konventionen der Lohnarbeitswelt, in denen andere die Regeln vorgeben. Leider können wir weder ein vollkommen glückliches Leben führen noch tatsächlich zeigen, was in uns steckt, wenn wir nur Arbeit ausführen, die uns nichts bedeutet. Selbst Menschen, die ihre Arbeit toll finden, werden in den Konventionen einer fremdbestimmten Arbeitswelt häufig zermürbt, verheizt oder klein gehalten.

Hört sich furchtbar an und ist es auch. Und Sie haben es sicher selbst schon lange gemerkt.

Ich duze Sie übrigens von nun an – solltest du mich jemals irgendwo treffen, dann tu das bitte auch. Ich bin ja nicht deine Vorgesetzte.

In diesem Buch geht es ohnehin nicht um die Einhaltung von Konventionen. Wenn ich von Arbeit spreche, dann meine ich nicht das, was so viele von uns automatisch mit ihr verbinden. Hier geht es um eine neue Herangehensweise – um die Arbeit von der spannenden Sorte, die das Zeug hat, unser Leben zu verändern. Wir sollten dringend aufhören, Arbeit als etwas wahrzunehmen, das man für irgendjemand anderen tut. Stattdessen sollten wir anfangen, sie als etwas zu begreifen, das man für sich tut! Als etwas Besseres als irgendeinen Job.

Ich selbst hatte eigentlich immer ganz gute Jobs, war zuletzt in der Marketingabteilung eines großen Internetkonzerns in Dublin angestellt. In einigen nach außen hin großartig erscheinenden Jobs verbrachte ich prägende Jahre mitten in den klischeehaften Konventionen der modernen Arbeitswelt. Dort lernte ich, was der Unterschied ist zwischen »Job« und »Arbeit« und warum es so wichtig ist, seine wahre Arbeit zu finden.

Bei dem Versuch, heute meinen »Beruf« zu erklären, fällt mir keine Berufsbezeichnung ein, die wirklich treffend wäre. Warum auch, denn ich tue alle möglichen Dinge! Ich bin Gestalterin und leidenschaftliche Unternehmerin.

Heute lebe ich von der Umsetzung meiner eigenen Ideen, bestimme meine Arbeit, mein Arbeitspensum und auch, mit wem ich arbeite, selbst. Das geht, weil wir in der heutigen Zeit nicht mehr von Arbeitsplätzen abhängig sein müssen, die andere für uns geschaffen haben. Nur sagt es uns niemand. In Deutschland ist man angestellt, gestritten wird nur über die Rahmenbedingungen. Selbstständigkeit wird häufig als »last resort« und unfreiwilliges Schicksal angesehen, Unternehmertum ist vielen als Option vollkommen fremd.

Ich hatte auch gar nicht geplant, mich selbstständig zu machen, spürte aber, ein Leben, wie ich es mir vorstellte, ließ sich nicht mit dem klassischen Angestelltenverhältnis vereinbaren. Natürlich wusste auch ich nicht sofort, welche Arbeit die richtige für mich war.

Anstatt mich in den nächsten beliebigen Job zu stürzen, war für mich erst einmal die Frage wichtig, welche Bedeutung meine Arbeit für mich und andere haben soll. Resultat ist das Projekt »workisnotajob.« und das erbauliche *workisnotajob. Manifest.* Ich schrieb es vor meiner ersten Firmengründung (ein Eine-Frau-Designstudio), um mir klar zu werden, was ich von meiner Arbeit erwarte und was meine Umwelt durch meine Arbeit von mir erwarten kann. Viel mehr als ein Designstudio wollte ich einen Lebensstil

"work" is the transfer of energy.
WE LIKE TO TRANSFER OUR ENERGY
into something creative and inspiring.
POWERFUL DREAMS *inspire* **POWERFUL ACTIONS**
THAT CAN CHANGE OUR WORLD.

- - -

YOU ARE WHAT YOU DO!
If you are active, it will lead to something.
Something you can work with.
FOLLOW YOUR HEART
OR IT WILL FOREVER REMIND YOU THAT SOMETHING IS MISSING.

WORK ON WHAT YOU LOVE & SHARE IT WITH THE WORLD.
You are responsible for the talent
that has been entrusted to you. Go, work with it.

- - -

WHAT YOU DO EVERY DAY
- is more important -
than what you do once in a while.
WHEN YOU DO WHAT YOU LOVE,
if you get up **EVERY DAY,** *about what*
and you're **EXCITED** *you do,*
IT'S GOOD FOR EVERYONE.

- - -

HAVE A VISION TO STRIVE FOR.
DREAM, CREATE, INSPIRE.
WHAT YOU MAKE IS IMPORTANT!

workisnotajob. Manifest 2010 ©

für mich entwerfen. Heute ist workisnotajob. die Philosophie hinter allem, was ich tue, und mein »persönlicher Deal« mit der Arbeit.

Das Projekt inspiriert inzwischen Tausende von Menschen weltweit, die sich ebenfalls etwas anderes wünschen als einen Nine-to-Five-Job oder ein Leben nach Konzernstruktur. Und so ist der Inhalt dieses Buches entlang der Leitsätze aus dem *workisnotajob. Manifest* strukturiert (Seite 11). Die alten Lehren von Wirtschaft und Arbeit, nach denen sich sonst alle richten, werden in der Praxis schon vielfach umgestaltet. Wir gehen neue Wege, denken neue Gedanken und haben neue Lösungen auf die Fragen, die uns heute beschäftigen.

Die Illustrationen in diesem Buch zeigen, worum es bei workisnotajob. geht – es sind kurze Statements, die an die Möglichkeiten des Lebens erinnern.

Jeder Ratschlag ist autobiografisch. Das Buch kann also leider auch nicht schlauer sein als ich. Die simple Botschaft dieses Buches ist: Wenn dir auf der Welt etwas fehlt, dann schaff es dir selbst. Es soll nicht darum gehen, was alles nicht geht, sondern daran erinnern, dass man sich aus unpassenden Strukturen lösen und stattdessen an die Arbeit seines Lebens gehen kann.

Da ich mir als Unternehmerin die Möglichkeit der stetigen Weiterentwicklung geschaffen habe, kann ich überzeugt sagen: Meine Arbeit ist kein Job. Ich möchte mich sogar in meiner Freizeit mit ihr beschäftigen! Wie Satiriker Klaus Klages treffend formulierte: »*Eine Arbeit ohne Ärger ist Freizeit.*«[1]

Das Angebot an Literatur, die sich das Thema »Arbeit« vornimmt, ist groß. Ratgeber für den Berufseinstieg, Ratgeber für die Karriere, Gründungsratgeber, Ratgeber für eine Auszeit oder den gänzlichen Ausstieg – egal was man sucht, für jeden ist etwas dabei. Auch hinter diesem Buch könnte man kluge Tipps vermuten, und das ist ja auch nicht falsch. Mit Berufsberatung hat mein Buch aber tatsächlich nichts zu tun. Hier gibt es keine pfiffige Schritt-für-Schritt-Anweisung, die man nur durchzuführen braucht, und perfekt ist die berufliche Neuorientierung. Ich bin kein Coach und niemand, der Menschen Karriereratschläge gibt oder glaubt, man könne jedem in ein paar einfachen Schritten zum Traumjob verhelfen. Woher sollte ich auch wissen, wovon du träumst? Ich bin auch keine Unternehmensberaterin, die es besonders provokativ oder querdenkerisch findet, Arbeit zu leisten, die einen Sinn hat. Denn dies finde ich, ehrlich gesagt, ganz selbstverständlich.

Hier geht es darum zu zeigen, wie man das Konzept selbstbestimmter Arbeit als großartige Herausforderung begreifen kann. Als ein Mittel, das es uns möglich macht, authentisch unser Leben zu gestalten und eine Gesellschaft zu prägen, in der wir uns zuhause fühlen können. Es ist an der Zeit, traditionelle Vorstellungen von Karriere zu überdenken und den Mut zu haben, der Arbeit mehr Persönlichkeit zu geben.

Ich will es für niemanden besser wissen, es gibt kein Richtig oder Falsch. Aber es gibt Erkenntnisse, die eine persönliche Auseinandersetzung anregen und eigene Denkprozesse anstoßen können. Man muss nicht meiner Überzeugung sein, aber man sollte eine eigene entwickeln. Es geht ums Selbstdenken und Selbstmachen. Ich maße mir nicht an, irgendwem die Welt erklären zu können, aber ich praktiziere, was ich auch anderen empfehle: das Teilen von Ideen.

Wenn uns die Arbeit in der Erwerbsgesellschaft trotz hohen Wohlstands irgendwie nichts gibt außer Geld, dann frage ich mich, warum es noch keinen bedeutsamen Aufbruch in der Gesellschaft gibt? Warum sind wir gerade bei einem so wichtigen Bestandteil unseres täglichen Lebens so zurückhaltend, unser eigenes Glück in die Hand zu nehmen? Kann denn ein Job, den sich jemand anderes für uns ausgedacht hat, ohne Rücksicht auf persönliche Begabung, Interessen und die Frage, ob wir uns wiederfinden, in dem was wir da tun, überhaupt je glücklich machen? Kann es im klassischen Angestelltenverhältnis oder wenn man dem Druck des freien Marktes ausgesetzt ist, überhaupt darum gehen, glücklich zu sein? Stellt sich dort überhaupt die Frage nach Erfüllung? Kann man das erwarten? Was haben wir denn? Oder muss es heißen, was fehlt uns?

Wir alle stehen vor der Wahl, welchen beruflichen Weg wir einschlagen möchten. Es gibt Arbeit, für die es sich lohnt, morgens aufzustehen. Arbeit als Kunst, das Leben zu gestalten.

Allen, denen nicht bewusst war, dass sie tatsächlich eine Wahl haben, wird die Entscheidung hoffentlich nach dem Lesen dieses Buches leichter fallen. Ich möchte Menschen, die ihren Lebensentwurf in den Konventionen der Arbeitswelt nicht wiederfinden können, ermutigen, eine neue positive Arbeitswelt zu prägen, indem sie engagiert ihre eigenen Ideen umsetzen. Es ist nicht naiv zu glauben, man könne tun, was man liebt. Es ist naiv zu glauben, es würde uns retten, es nicht zu tun.

Catharina Bruns
Berlin, im März 2013

"WORK" IS NO LONGER A PLACE WE GO TO. IT'S WHAT WE DO!

TEIL 1
PRIORITÄTEN SETZEN:
ARBEIT NEU DENKEN

»WORK IS THE TRANSFER OF ENERGY...«
ARBEIT IST DIE UMWANDLUNG
VON ENERGIE...

»Laboro, ergo sum«

Wir alle werden früh daran gewöhnt, nach einer fremden Agenda zu arbeiten. Schon in der Schule ist unser Tagesablauf fremdbestimmt. Von Kindheit an müssen wir etwas tun, das wir uns nicht selbst ausgesucht haben. Unsere Freizeit muss dann so organisiert sein, dass sie im Gegensatz zum Stundenplan des Schulalltags steht. Freizeit ist »Frei«-Zeit, weil sie zwanglos verbracht werden darf und schon von daher mit Arbeit nichts zu tun hat. Ebenso früh gewöhnen wir uns daran, bewertet zu werden. Um positive Anerkennung zu erreichen, müssen wir fleißig sein. Wir stehen schon in der Schule unter Leistungsdruck, bekommen Regeln, Verbote und haben Pflichten. Bei jeder Gelegenheit erinnert uns irgendeine Autorität daran, dass der wirklich bittere Ernst des Lebens uns tatsächlich erst nach der Schule ereilen wird. Und damit wir später überhaupt eine reelle Chance haben, müssen wir jetzt schon lernen, was dann von uns erwartet wird.

Es gibt angeblich nur einen Weg zum Erfolg, und der bedeutet, einen guten Job zu finden. Karriere zu machen ist das priviligierte Lebensziel, ob sie an persönlicher Lebensplanung und eigenen Werten vorbei geht, ist unerheblich. Ob es einem gut dabei geht, darauf kommt es nicht an. Ob die Arbeit, die wir tun, uns etwas bedeutet, ist auch egal, niemand fragt danach. Der heilige Gral, der Häkchen hinter alle Unsicherheiten des Lebens zu setzen scheint, nennt sich »abhängige Beschäftigung«. Früher (nach der Schule) oder später (nach der Uni) müssen wir eine Karriere finden, denn der ganze Sinn unserer Ausbildung war schließlich, dass wir als arbeitende Teilnehmer der Gesellschaft kräftig das Wirtschaftsrad mitdrehen, Kaufkraft besitzen und mit in die Staatskassen einzahlen. Unser Gesellschafts- und Arbeitssystem ist so aufgebaut, dass irgendjemand uns etwas zu tun gibt, das wir dann erledigen müssen, und nur wenn wir Glück haben, macht das eine oder andere Spaß. Und das ist auch die Haltung, die viele schon mit in die Arbeitswelt bringen. Und dabei ist es doch leichter, Kinder zu starken Persönlichkeiten zu beflügeln, als zu versuchen, desillusionierte Erwachsene zu reparieren. In der Schule lernen wir, wie wir gute Arbeiter werden. Wie wir etwas Besseres werden, müssen wir uns selbst beibringen.

Tatsächlich haben wir heute einen unzureichenden Arbeitsbegriff, der nicht mehr in die Zeit passt. Schon lange wurde aus Arbeit »Erwerbsarbeit«. Begeisterung und persönliche Potenziale haben in dieser Definition keinen Platz. Arbeit wird reduziert auf den Wert ihrer Bezahlung mit der Folge, dass es nicht mehr darum geht, was wir gerne tun, sondern ob eine Stelle frei ist, es unseren Lebenslauf schlüssig komplettiert und vor allem ob das, was wir uns beruflich vorgenommen haben, unser Leben finanziert. Und in der sich einstellenden Routine wird Arbeit langsam aber sicher als etwas Negatives wahrgenommen – mit dem Resultat, dass man sich nach dem Wochenende sehnt und anfängt, den Montag zu verfluchen.

»Innere Kündigung« hat sich als Bezeichnung für den Dämmerzustand am Arbeitsplatz etabliert, wenn wir zwar noch hingehen, aber unser Herz und Gehirn zuhause lassen. Laut einer Studie von 2012 der Unternehmensberatung Gallup haben 24 Prozent der Arbeitnehmer *gar keine* Bindung zu ihrem Job, 61 Prozent machen lediglich Dienst nach Vorschrift und nur 15 Prozent sind mit Herz und Interesse bei der Sache. Fast ein Viertel der Beschäftigten hat demzufolge also bereits innerlich gekündigt.[2] Schon seit Jahren bestätigen die Gallup-Studien eine große Unzufriedenheit am Arbeitsplatz. Es ist aber kaum nötig, repräsentative Studien anzuführen. Jeder kann einfach mal in seinem Freundes- und Bekanntenkreis herumfragen, wie viele um die Dreißgjährige er kennt, die nicht vollkommen frustriert sind von ihrem Job oder ihm völlig indifferent gegenüber stehen. Geradezu erschreckend, wie viele Menschen jeden Tag eine Arbeit ausüben, die ihnen nichts bedeutet. Und das heutzutage, wo niemand mehr zu irgendeiner Arbeit gezwungen wird. Kann man von dem Gros der Bevölkerung erwarten, dass sie unglücklich bei der Arbeit ist, nur damit das System sich so, wie es sich etabliert hat, weiterführen lässt? Natürlich nicht – und es verbietet uns auch niemand, es anders zu machen.

Tatsächlich befinden wir uns in einer aufregenden Zeit! Noch nie gab es so viele Möglichkeiten, sich mit persönlichen Projekten erfolgreich selbstständig zu machen, einen Marktplatz für eigene Ideen zu finden und die Welt aktiv mitzugestalten. Nicht zuletzt durch die Möglichkeiten des Internets steht uns die Welt offen wie nie zuvor. Jeder kann sich dort ausprobieren, sich und seine Arbeit sichtbar machen und weltweit kommunizieren. Fast jede Information ist digital jederzeit erhältlich, die Wahlmöglichkeiten, was genau die eigene Arbeit sein könnte, nehmen ständig zu. Es geht nicht mehr in erster Linie darum, ob es das Leben absichert, sondern ob es uns bewegt, was wir tun. Aber auch finanzielle Unabhängigkeit lässt sich über die »digitale Existenzgründung« erreichen, und sie sichert den Lebensunterhalt nicht schlechter als der Normalarbeitsplatz. Nur dass uns die selbst gestaltete Arbeit nicht das ganze Leben nach Konzernstruktur vorgibt. Wer sich wirklich traut zu fragen, »Wer bin ich, und wie möchte ich leben?«, der wird merken, dass authentische Arbeit essenziell für ein interessantes und erfüllendes Leben ist.

Auf die längst überfällige Veränderung und Individualisierung der Arbeitswelt haben Sascha Lobo und Holm Friebe in ihrem Pionierwerk *Wir nennen es Arbeit* (Friebe; Lobo 2006) schon vor Jahren hingewiesen. Schon damals ging es um das Aufkommen von non-hierarchischen Arbeitsstrukturen, die positiven Auswirkungen der zunehmenden Digitalisierung und die damit aufkommenden neuen Formen der Kooperation und des selbstbestimmten Arbeitens abseits des Mainstreams. Der Ruf nach einer neuen Arbeitswelt, in der es mehr um die persönliche Entfaltung des Einzelnen als um die Konzernkarriere und eher um freie Projekte als um das klassische Nine-to-Five geht, ist keineswegs neu. Einige von uns arbeiten mit Volldampf daran, neue Lösungen für sich zu finden, während Politik und Gewerkschaft immer noch bemüht sind, die Vergangenheit wiederherstellen zu wollen. Als Ideal gelten eine Republik mit Vollbeschäftigung, der garantierte Lebensarbeitsplatz, die sichere Rente. Die echte Herausforderung für uns besteht aber heute vielmehr darin, auf den Errungenschaften der Vergangenheit aufzubauen und sich weiterzuentwickeln.

Was wäre, wenn es in der Arbeit um etwas völlig anderes ginge als bisher? Über das, was du tust, kannst du ausdrücken, wer du bist und in welcher Welt du leben möchtest. Arbeit ist unser Selbstausdruck in der Welt, ein kraftvolles Gestaltungsinstrument mit sowohl persönlicher als auch

UNLEARN WHAT'S UNTRUE

gesellschaftlicher Dimension. Kann und muss es in unserer freien Gesellschaft nicht auch Platz für eine Arbeit geben, deren Definition über die der Erwerbsarbeit hinausgeht? Arbeit, die sich nicht hauptsächlich über den Wert ihrer Bezahlung definiert, dafür aber das eigene Leben und die Gesellschaft auf andere Weise bereichert? Ich finde schon! Ist es nicht klüger, dafür zu arbeiten, eine lohnenswerte Zukunft zu gestalten, als dafür, vergangene Ideale erreichen zu wollen?

Stell dir vor, wie viel reicher dein Leben wäre, wenn du morgens aufwachen würdest, nicht weil dein Wecker schrillt, sondern weil du dich auf den Tag freust und es nicht abwarten kannst, an eine Arbeit zu gehen, die dir wirklich etwas bedeutet. Ist es zu viel verlangt, sich in dem, was man den ganzen Tag tut, wiederfinden zu wollen? Ist es nicht tatsächlich notwendig, um überhaupt gute Arbeit leisten zu können, Spaß an der Sache zu haben? Damit sich diese Ansprüche verwirklichen lassen, müssen sowohl Arbeitskultur als auch Unternehmertum neu gedacht werden. Und zwar von jedem, der diese Ansprüche hat, selbst. Solange diese Themen allein in der Verantwortlichkeit von großen Arbeitgebern und Wirtschaft liegen, wird sich nichts ändern. Die eingangs formulierte Frage, »Was *haben* wir denn?«, muss tatsächlich heißen »Was *fehlt* uns?«, denn das, was wir an der Arbeitswelt schon haben, erfüllt uns häufig nicht. Wer mehr will, muss sich vom herkömmlichen Geschäft mit der Arbeit verabschieden und neue Prioritäten setzen.

YOU'VE GOT TO CHANGE THE WAY YOU LOOK AT THINGS

Der Arbeit neue Bedeutung geben

Heute kann jeder wählen, welchen »Deal« er mit der Arbeit eingehen will. Grundsätzlich müssen wir überlegen: »Will ich mehr haben oder will ich mehr sein?« Die Frage nach *Haben oder Sein* hat schon Erich Fromm gestellt (Fromm 1976). Eine bedeutende Frage, die wir uns besonders im Hinblick auf unsere Arbeit und das, was wir in unserem Leben tun wollen, stellen können.

Die klassische Einstellung zur Arbeit ist von folgendem Deal geprägt:

> *»Ich gehe arbeiten, um Geld zu verdienen, damit ich mir kaufen kann, was mich glücklich macht. Für meinen Einsatz erwarte ich im Gegenzug Planbarkeit und Lebensrisikoabsicherung.«*

Ein neuer Deal lautet:

> *»Ich arbeite, um mich mit Aufgaben und Menschen zu beschäftigen, die mich begeistern. Meine Arbeit ist für mich bedeutungsvoll, der Beitrag, den ich leiste, macht mich glücklich. Mit meinem Einsatz möchte ich mein Umfeld gestalten und mich unabhängig, gemäß meiner Potenziale entwickeln.«*

Der herkömmliche Deal baut darauf, dass wir auf fremde Versprechen von Sicherheit vertrauen und darauf, dass wir glücklicher sind, wenn wir mehr *haben*. Materieller Wohlstand und Konsum sind sowohl Grund als auch Belohnung der Arbeit. Das Leben spielt sich hierbei außerhalb der Arbeitszeiten ab, Arbeit ist getrennt von Erlebnis. Es wird versucht, Sicherheit zu erlangen, indem an bisher Erreichtem festgehalten wird. Der alte Deal ist ein traditionelles Tauschgeschäft – Arbeitskraft gegen Geld.

Neu ist jetzt: Arbeit und (Er-)Leben werden als eine Einheit betrachtet. Wir leben nicht um zu arbeiten. Wir arbeiten um zu erleben! Der Hunger auf Entwicklung und der Wunsch nach Unabhängigkeit und gesellschaftlicher Veränderung hat höhere Priorität als Konformismus und Status quo.

Wir sind bereit, Erreichtes loszulassen und neue Wege zu gehen. Im Prinzip steht dahinter das alte Ideal der Selbstverwirklichung. Wenn die Jobs zu klein sind für den Menschen, ist es nicht verwunderlich, dass er mehr will.

Festes Einkommen und geregelte Arbeitszeiten sind keine Nebensächlichkeiten eines gelungenen Lebens, aber die Verantwortlichkeit, diese Privilegien zu gestalten und sich zu überlegen, welche Kompromisse des Arbeitslebens eingegangen werden, liegt beim neuen Deal bei jedem selbst. Die Möglichkeit der Ablösung von der traditionellen Auffassung von Arbeit durch eine Neuorientierung zu mehr Gestaltungswillen und Eigenverantwortung wurde bereits von Lynda Gratton in ihren Untersuchungen zur Zukunft der Arbeit in sehr ähnlicher Weise beschrieben (Gratton 2012). Diese Zukunft beginnt, wenn wir uns dafür entscheiden.

Der konventionelle Unternehmensalltag widerspricht noch zu häufig dem, was viele sich heute wünschen. Wenn so viele sich nicht wiederfinden können in dem, was sie tun, dann müssen wir uns bemühen, neue Unternehmen und neue Arbeit für uns zu gestalten, angepasst an unsere Wünsche, an die moderne Zeit und an alles, was uns heute wichtig ist. Der neue Anspruch an die Arbeit bedeutet eine weitreichende Umorientierung und einen Wertewandel. Er baut auf eigenverantwortliches Handeln und *Selbstvertrauen*. Aber er bietet individuelle Antworten auf die großen Fragen, die eine konventionelle Arbeitswelt nicht beantworten will, etwa nach Selbstverwirklichung, Vereinbarkeit von Arbeit und Familie und individueller Lebensplanung. Er beinhaltet, dass wir uns angstfrei und unabhängig verhalten und dass wir glücklicher sind, wenn wir authentisch leben und uns in unserer Arbeit verwirklichen können. Dass wir mit unserer Arbeit Geld verdienen möchten und es auch zum Leben brauchen, bleibt Bestandteil auch dieses Konzeptes, jedoch rückt der Anspruch, Lebenszeit selbstbestimmt zu gestalten, in den Vordergrund. Mehr zu *sein* ist wichtiger als mehr zu *haben*.

Der alte Deal der Arbeit hatte sicherlich einmal seine Berechtigung, doch im Übergang vom Industriezeitalter zum Informationszeitalter und zu einer Zeit, in der es vielfältige Lebensentwürfe, Familienmodelle und andere

Ziele als lebenslange Firmenzugehörigkeit gibt, ist eine Neuorientierung für viele Menschen überfällig. Die alten Antworten stimmen heute nicht mehr. Sei es aus dem Wunsch, etwas vollkommen anderes zu machen, eine neue Herausforderung zu suchen, oder weil man mehr Zeit für die wichtigen Dinge des Lebens haben möchte – es gibt verschiedene Gründe, seiner Arbeit eine neue Bedeutung geben zu wollen. Selbstverständlich hätten wir alle gerne eine gewisse Planbarkeit im Leben. Und sich gegen die Risiken, die das Leben mit sich bringt, tatsächlich absichern zu können, wäre sicherlich auch nicht schlecht. Jedoch kann auch die konventionelle Arbeitswelt mit all ihren Sicherungsnetzen, Tarifverträgen und Arbeitsschutzgesetzen diese Versprechen nicht mehr für jeden einlösen. Also helfen wir uns am besten selbst.

Niemand wird bestreiten: Arbeit ist wichtig für uns, sie hat einen großen Einfluss darauf, wie zufrieden wir in unserem Leben sind und mit welchen Dingen wir uns überhaupt beschäftigen. Wenn wir uns über sie freuen können, spendet sie Energie, wenn sie uns unglücklich macht, saugt sie uns Energie ab. Gewonnene Energie macht uns stärker, verlorene schwächer. Man muss nur einmal zu den Stoßzeiten die öffentlichen Verkehrsmittel benutzen, um zu sehen, wie viele Menschen mit leerem Blick und ohne einen Funken Energie auf dem Weg zur Arbeit sind. Oder mit angespannter Mimik aus dem Fenster starren und jeden Blickkontakt vermeiden. Wie oft begegnen wir jemandem, der freundlich zurücklacht, wenn wir ihn anlächeln?

Ständig hört man von sogenannten »Shitstorms« in Medien, sozialen Netzwerken und Blogs. Eine sehr eigentümliche Art und Weise des Kritikübens von Menschen, welche die Möglichkeit, im Netz alles kommentieren zu können, als Ventil für ihre cholerischen Ausfälle benutzen. Geradezu erschreckend, wie unausgelastet und aggressiv einige Menschen sind – da liegt es doch auf der Hand, dass sie sich nicht genug mit den eigenen Baustellen beschäftigen und den Dingen, die ihr Leben reicher machen könnten. Die Welt wird nicht besser, indem man sie anschreit, sondern indem man beginnt, etwas für sich zu tun.

Natürlich kann man diese Tatsachen nicht allein den Umständen der Arbeitswelt anlasten. Trotzdem meine ich, dass man die Zusammenhänge auch nicht vollkommen vernachlässigen kann. Irgendetwas läuft grundlegend falsch. Und es hat sehr stark damit zu tun, womit wir unsere Zeit verbringen, wo wir unsere Energie investieren und welche Rolle wir in der Welt spielen möchten. All diese Dinge gehören auch zu einer besseren Definition von Arbeit. Arbeit ist, *was* wir tun, aber »gute Arbeit« muss auch beinhalten, *warum* wir sie tun.

Dazu bräuchte es allerdings fast sogar ein neues Wort. Denn das Wort »Arbeit« ist belastet. Die genaue Wortherkunft scheint ungewiss, im Germanischen, Alt- und Mittelhochdeutschen lässt sich aber finden, dass die Wortbedeutung überwiegend »Mühsal«, »Strapaze« und »Not« ausdrückte. Das lateinische Wort für Arbeit, »labor« bedeutet übersetzt auch »Plage« und »Anstrengung«.[3] Natürlich hat der Begriff »Arbeit« sowohl eine starke politische Dimension (wie im Sozialismus, Kommunismus, Kapitalismus, Liberalismus etc.) als auch eine religiöse (»Ora et labora«) und sogar eine freiheitsberaubende und todbringende, wie etwa in der Sklaverei und der pervertierten Formel des Nationalsozialismus »Arbeit macht frei«. Die Bedeutungen von Arbeit und das, was wir automatisch mit ihr assoziieren, hängen stark mit der historischen Begriffbedeutung zusammen, in der Arbeit erst die »unbedeutenden» von den »feinen« Menschen unterschied und jetzt die »Fleißigen» von den »Faulen«. Seit jeher haftet der »Arbeit« etwas lustfeindliches an, nur wenn sie besonders hart und mühevoll ist, ist sie als echte Arbeit legitimiert. Es fällt schwer, eine positive Definition zu finden.

Greift man zum Wirtschaftslexikon von Gabler, wird dort folgende Definition von Arbeit angeboten: Arbeit ist jede »zielgerichtete, soziale, planmäßige und bewusste, körperliche und geistige, typisch menschliche Tätigkeit«[4]. Demnach liegt die Definition von dem, was Arbeit alles sein kann, zunächst einmal bei jedem selbst! Unter den Voraussetzungen des 21. Jahrhunderts muss sich natürlich auch der Arbeitsbegriff weiterentwickeln. Ein innovatives Verständnis der Arbeit muss her! Im Prinzip kann jeder Arbeit heute so definieren, wie sie auf die persönliche Situation passt.

MONDAY IS FUNDAY

Job, Karriere oder Berufung?

> *Workin' 9 to 5*
> *What a way to make a livin'*
> *Barely gettin' by*
> *It's all takin'*
> *And no givin'*
> *They just use your mind*
> *And they never give you credit*
> *It's enough to drive you*
> *Crazy if you let it*
> *– Dolly Parton*

Die Haltung, die wir zu den Dingen haben, bestimmt unterschwellig auch unsere Bereitschaft, uns für etwas zu engagieren. Viele Leute leben in der Überzeugung, dass nur alles, wofür sie bezahlt werden, Arbeit ist, und alles, was Spaß macht, nicht. Aber die Zeiten ändern sich. Die großen Chancen, die sich aus dem Heute ergeben, werden leider häufig von der negativen Grundhaltung der Vergangenheit verdeckt. Für ein neues Verständnis ist es wichtig, sich die eigene Haltung zum Thema Arbeit einmal bewusst zu machen.

Typischerweise ergeben sich drei unterschiedliche Sichtweisen auf die Arbeit. Sie kann als Job, Karriere oder Berufung verstanden werden. Diese drei grundlegenden Einstellungen zur Arbeit beschreiben verschiedene Experten wie Roy F. Baumeister in seinem Buch *Meanings of Life* (1992) oder Amy Wrzesniewski, Professorin an der Universität Yale, in ihren Untersuchungen zum Thema *Job Crafting* (1995). Schon die Vorstellung von der eigenen Arbeit birgt Hinweise darauf, wie zufrieden wir sind mit dem, was wir tun. Oft kommt es dabei zum Konflikt zwischen Kopf und Herz beziehungsweise zwischen Karriere und Persönlichkeit, welche sich häufig gegenseitig auszuschließen scheinen. Mit welcher Haltung gehst du an die Arbeit?

Job: »Ich bin nicht zuständig«

Sehr viele Menschen sind zwar unzufrieden mit ihrem Job, stellen diesen Umstand jedoch kaum infrage, denn sie sehen das, womit sie mindestens acht Stunden ihrer Lebenszeit täglich verbringen, lediglich als Job – nämlich als ein notwendiges Übel zur Existenzsicherung. Die Frage der Selbstverwirklichung stellt sich gar nicht. Alles läuft nach dem Schema: zur Arbeit gehen, Dinge abarbeiten, in Meetings sitzen und die Zeit halbwegs unbeschadet rumkriegen, um sich dann wieder dem »echten« Leben und dem, was man gerne tut, widmen zu können. Menschen, die ihre Arbeit als bloßen Job sehen, suchen Sinn und Erfüllung ausschließlich woanders und nicht in dem, was sie den ganzen Tag tun.

Manche werden von ihren Jobs so sehr unterfordert, dass sie es nebenbei locker schaffen, das »Ende des Internets« zu erreichen. Hört sich lustig an, ist aber fürchterlich. Denn Unterforderung ist mindestens so schlimm wie Überforderung. So selten ist die große Langeweile im Job nicht, denn es gibt dafür sogar einen eigenen Begriff – »Boreout«. »Rund 60 Prozent der jungen Arbeitnehmer bis 29 Jahre haben das Gefühl, mehr leisten zu können als im Job verlangt wird. Umgekehrt geben nur 6,1 Prozent an, dass ihre Tätigkeit zu schwierig sei.« So heißt es 2011 in einem Bericht der Bundesregierung.[5] Manche stehen ihrem Job auch indifferent gegenüber. Er bringt mich nicht um, aber er beflügelt mich auch nicht. Es gibt auch noch die sogenannten »guten Jobs«. Hier weiß man zwar, dass man nicht gerade die Aufgabe hat, die Welt zu retten, man hat es aber auch nicht schlecht und freut sich über festes Gehalt, Urlaubsgeld und Rentenbeiträge so sehr, dass man sich um persönliche Entfaltung kaum Gedanken macht. Die Revolution ist abgesagt.

Karriere: »Ich bin im Stress«

Andere, meist sehr ambitionierte Menschen, sehen ihre Arbeit als mehr, nämlich als Karriere, und verbinden vor allem Erfolg, Status und Geld mit ihrer Erwerbstätigkeit. Sie glauben, dass ein »guter Job« sie von anderen abhebt, und richten ihre Arbeitsleistung auf das Erklimmen von Posten innerhalb einer Firma aus.

Aber nicht nur unsympathische Menschen sprechen bei ihrer Arbeit von der Karriere. Einige möchten wirklich etwas bewegen, Verantwortung übernehmen und Vorbild sein. Trotzdem wird das Wort »Karriere« sehr stark mit dem Gedanken des finanziellen Wohlstands und sozialen Ansehens verbunden. Seien wir ehrlich: Ohne hohes Gehalt und zumindest ein Business-Class-Ticket auch keine echte Karriere. Um die tatsächliche Tätigkeit, den Beitrag, der nicht an Firmenziele, sondern persönliche Wertvorstellungen gekoppelt ist, geht es nur noch in zweiter oder dritter Linie. Einige glauben sogar plötzlich, die Firmenziele seien die eigenen.

Viele Arbeitgeber wünschen eine »Identifikation« ihrer Mitarbeiter mit dem Unternehmen. Für den Karrieristen bedeutet das, sich an die vorgegebenen Strukturen anpassen und sie auch noch toll finden zu müssen. Häufig merkt er erst spät, dass eine klassische Karriere sich meist zwangsläufig abseits seiner individuellen Lebensträume abspielt. Ansonsten bräuchten wir Begriffe wie »Work-Life-Balance« nicht zu erfinden und müssten uns auch nicht über ausgebrannte Manager unterhalten. Weil die Lebensmodelle sich zunehmend verändern, werden der klassischen »Kaminkarriere«, bei der junge Talente möglichst rasch und geradlinig die obersten Plätze besetzen, alternative Ausprägungen zur Seite gestellt. Es ist von »Treppenkarriere« (auf und ab), »Mosaikkarriere« (Stück für Stück) oder »Patchworkkarriere« (mittendrin mal ganz was anderes) die Rede.[6] Deutlich wird, dass der moderne Mensch mehr und mehr seine Freiheit und Zeitsouveränität zurückerlangen, auf eine berufliche Karriere jedoch auch nicht ganz verzichten möchte.

Berufung: »Ich bin, was ich tue«

Dann gibt es noch diejenigen, die ihre Arbeit als individuellen Beitrag in der Welt verstehen. Menschen, die sich über ihr Tun und den positiven Einfluss, den sie ausüben, definieren und als Idealisten vorangehen. Jene Menschen, die ihre Herzensprojekte in die Welt bringen, die unter Umständen auch abseits ihres Berufes die Gesellschaft mit ihrer Arbeit bereichern. Häufig sind es Künstler oder Kreative. Sie spüren einen starken inneren Drang, sich über ihre Arbeit ausdrücken zu wollen, sagen oft sogar: »Ich kann nichts anderes.« Eine Berufung zu haben, also einen bestimmten Ruf zu hören, dem man folgen muss, kann im Extremfall auch zwanghaft sein beziehungsweise auslaugen. Begriffe wie »Karriere« spielen hier keine Rolle. Es geht um einen schöpferischen Lebensstil, nicht darum, Führungskraft zu werden oder den betriebsinternen Aufstieg zu erkämpfen.

Menschen, die ihr Schaffen als Erfüllung empfinden, erleben wohl die schönste Form der Arbeit. Erfüllend kann jede Tätigkeit sein, solange sie im Einklang mit persönlichen Begabungen, Interessen und Wünschen ist. Erfüllung zu finden ist in jeder Art der Beschäftigung möglich: Angestellte können ihren Job als Mission verstehen, Selbstständige können ihr Unternehmen mit Leidenschaft führen. Auch Menschen, die geliebte Projekte mit Engagement in ihrer Freizeit durchführen, können darin Erfüllung finden. Sie alle sind »Unternehmer« im Sinne von »workisnotajob.«, sind Gestalter und verkörpern eine Haltung des Sich-zuständig-Fühlens.

Was bedeutet dir deine Arbeit?

Seien wir ehrlich: Jobs sind ein Fluch. Aber die eigene Arbeit ist ein Geschenk. Um das zu erkennen, braucht es eine neue Haltung zur Arbeit. Eine positive Mentalität, die ausdrückt, dass wir mit unserer Arbeit Gestalter sind und nicht durch sie zum Opfer werden. Und dazu gehört keinesfalls nur Erwerbsarbeit, sondern auch die Aufwertung anderer Formen des Tätigseins, beispielsweise in der Familie. Je mehr Menschen ihre Ideen umsetzen, leidenschaftliche Projekte in die Welt bringen, ihre Individualität in ihre Arbeit stecken und sie teilen, desto reicher ist unsere Gesellschaft und desto glücklicher kann auch der einzelne Mensch werden. Die Herausforderung besteht darin, seine idealen Szenarien selbst zu gestalten. Können wir uns tatsächlich vom alten Arbeitsbegriff frei machen, sodass Platz ist für neue Gedanken und neue Lebensentwürfe? Eines ist klar, in einem Kopf voller Ängste ist kein Platz für Träume. Eine positive Definition von Arbeit zu leben, die den persönlichen Sinn *und* den gesellschaftlichen Wert der Arbeit in den Vordergrund stellt, ist extrem wichtig. Wer seine Arbeit nur als Job versteht, sieht Arbeit als etwas Fremdes, nicht als etwas Selbstgestaltetes. Als etwas, das nur erledigt wird, weil der Lebensunterhalt verdient werden muss. Sie als mehr ansehen zu können, bedeutet eine große Befreiung und einen enormen Gewinn an Gestaltungsmöglichkeiten.

> *Es lohnt sich, kurz innezuhalten und das eigene Arbeitsleben zu überdenken. Frage dich: Was lebe ich? Job, Karriere oder Berufung?*

RETHINK YOUR DAILY ROUTINE

»we'd like to transfer our energy into something creative and inspiring«

WIR MÖCHTEN UNSERE ENERGIE SINNVOLL INVESTIEREN

Das begrenzte Glück von Nine-to-Five

*»There is no such thing as work-life balance.
Everything worth fighting for unbalances your life.«
– Alain de Botton*

Während der Industrialisierung im 19. Jahrhundert haben Gewerkschaften und Politiker hart für das Privileg der festen Arbeitszeiten gekämpft. Mit den Realitäten von damals haben die heutige Arbeitswelt und sehr wahrscheinlich auch die der Zukunft aber kaum noch etwas gemeinsam. Ruhestand mit fünfundsechzig und Feierabend um siebzehn Uhr sind für viele jetzt schon Schnee von gestern und für alle, die jetzt erst anfangen zu arbeiten oder noch in der Ausbildung sind, wohl so realistisch wie die baldige Besiedelung des Mars. Trotzdem reiben sich Gewerkschaften immer noch für die gleichen Ideale auf, während die Politik das Rentenalter vorsichtig in das hohe Alter verschiebt. Die Realitäten zeigen: Der Anspruch, die Arbeit vollkommen vom Leben trennen zu wollen, ist sowohl für Angestellte als auch für Selbstständige eine Illusion. Die Frage ist, ob der Versuch überhaupt sinnvoll ist. Die Lösung liegt darin, sich einen Arbeitsalltag zu schaffen, der lebensfördernd ist, anstatt im Gegensatz zu ihm zu stehen. Das ist für den »klassischen« Angestellten, der auf das traditionelle Verständnis von Arbeit schwört, natürlich schwer verdaulich. Doch Anlass zur Sorge besteht nur für diejenigen, die nicht bereit sind umzudenken.

> *Wenn du dir bewusst machst, dass du noch bis ins hohe Alter arbeiten wirst, ist es umso wichtiger, dir einen Arbeitsalltag zu entwerfen, der sich mit deinen Vorstellungen vom Leben vereinbaren lässt.*

Anstatt zu überlegen, wie Arbeit unser Leben bereichern könnte, fordern wir lieber eine gute »Work-Life-Balance« – jenes Bestreben, die Arbeitszeit von der Lebenszeit abzugrenzen, um möglichst nicht zu viel Leben an die Arbeit zu verlieren. Das Ziel ist, eine vernünftige Work-Life-Balance zu finden, damit die Arbeit bloß nicht überhandnimmt. Keine Studie zum Thema Arbeit und Gesellschaft kommt derzeit ohne die Schlagwörter

»Diagnose Burnout« oder die wichtige Frage nach der »Work-Life-Balance« aus.

Niemand fragt sich, wieso wir nicht lieber gleich Arbeit machen, die uns nicht wie verschenkte Lebenszeit vorkommt. Schließlich hat man nur ein Leben. Wir brauchen keine »Work-Life-Balance«, wenn wir »Work-Life-Harmonie« anstreben! Das bedeutet nicht, dass sich das ganze Leben nur noch um Arbeit drehen sollte. Es bedeutet, dass Leben und Arbeit keine Rivalen mehr sind. Es lohnt sich, den Gedanken zuzulassen, dass wir es nicht mit Gegensätzen zu tun haben, sondern dass das Eine wichtiger Teil des Anderen ist. Arbeit und Leben sind eine Traumkombination! Wenn du liebst, was du tust, weißt du, wie sich das anfühlt. Wenn du mit Hingabe die eigene Familie versorgst, dafür zwar nicht bezahlt wirst, aber doch rund um die Uhr arbeitest, und zwar an Aufgaben, die untrennbar sind vom eigenen Leben, dann auch!

Wer seine Lebensarbeit gefunden hat, versucht das Arbeitsleben nicht mehr zu verkürzen und die Tage bis zum Wochenende oder bis zur Rente zu zählen. Es verhält sich genau andersherum: Wer seiner Berufung folgt, denkt überhaupt nicht daran, einmal nicht mehr zu arbeiten. Der Wunsch ist dann hauptsächlich, bei guter Gesundheit zu bleiben, um die geliebte Tätigkeit möglichst lange ausüben zu können. Von großer Wichtigkeit ist es also, sich auf die Vereinbarkeit von Arbeit und Leben zu konzentrieren, damit wir nicht ständig die Balance halten müssen!

Der Balanceakt zwischen Arbeit und Leben ist weder zeitgemäß noch richtungsweisend. Bedauerlicherweise ist das Konzept begeisternder Arbeit, die man nicht vom Leben trennen möchte, für viele eine realitätsferne Vorstellung. Kaum jemand traut sich, an den Stellschrauben der konventionellen Haltung gegenüber der Arbeit zu drehen. Um wirklich glücklich arbeiten zu können, müssen wir aber unsere Haltung überdenken und unsere Arbeitsstrukturen selbst gestalten. Für mich persönlich begann die beruflich aufregendste Phase, als ich endlich vergessen konnte, bei der Arbeit auf die Uhr zu schauen.

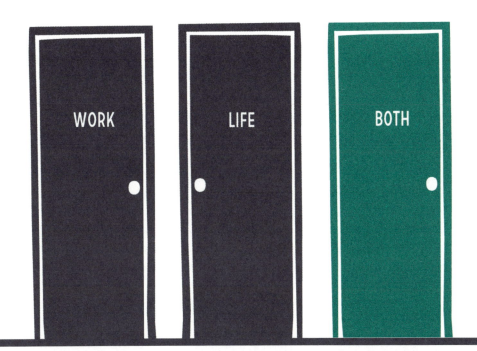

Es geht nicht darum, im Leben mehr zu arbeiten, sondern darum, bei einer persönlich sinnstiftenden Arbeit mehr zu leben. Das setzt bei vielen eigenen Projekten eine hohe Flexibilität voraus. Feste Arbeitszeiten wären geradezu hinderlich, um zu zufriedenstellenden Ergebnissen zu kommen. Natürlich braucht jeder mal Abstand vom Tagesgeschäft, und selbstverständlich braucht auch jeder unproduktive Zeit, in der er sich treiben lässt. Aber dieser nachzugehen ist viel einfacher, wenn man selbst bestimmen kann, wie der Arbeitstag auszusehen hat! Und wer seine Arbeit liebt, nimmt sie gerne überallhin mit. Ich schöpfe Inspiration aus arbeitsfreien Situationen des Alltags und nahezu jeder Unterhaltung, die ich führe, und sei es im Supermarkt.

Ich empfinde es als spannend, in meiner »Freizeit« mit angehenden Existenzgründern neue Geschäftsmodelle zu entwickeln und mich mit Freunden über die Zukunft der Arbeit auszutauschen, anstatt den Abstand von der Arbeit zu »zelebrieren«. Wenn ich meinen leidenschaftlichen Interessen am Wochenende nachgehe, ist das dann auch Arbeit? Oder nur von Montag bis Freitag und erst, wenn ich entsprechende Gespräche in Rechnung stelle? Die Trennung ergibt in meinem Leben schlicht keinen Sinn mehr. Was ich beruflich tue, tue ich sowieso schon, auch ohne dafür bezahlt zu werden. Ist das ein Privileg? Sicher! Aber in erster Linie war es eine Entscheidung.

Es war gewiss nicht immer so. In meiner Bürovergangenheit konnte ich eindrucksvoll feststellen, wie die Kollegen sich nach dem Urlaub sehnten: endlich weg von hier und vielleicht für zwei Wochen einmal nichts mehr mit dem Job zu tun haben müssen! Worauf aber könnte diese Haltung abzielen? Dass man sich in vielen Jobs nicht wiederfinden kann, leuchtet ein, aber warum aufhören, es zu wollen? Auch ich sehnte mich nach freier Zeit, allerdings um sie zu nutzen und eigenen Projekten nachzugehen. Anstatt kleine Portionen der Freiheit während der gewährten Urlaubstage zu erkaufen und mir einen »Sonne-und-Palmen-Bildschirmschoner« zu installieren, widmete ich meine Urlaubstage lieber der Arbeit, die mir letztlich die langfristig gewünschte Freiheit ermöglichen würde und von der ich keinen Abstand mehr wünschte. Wenn man seine Arbeit nicht lieben kann, muss man sie am Ende des Tages von sich abwaschen, seinen Arbeitstag von seinem restlichen Tag trennen, einen Urlaub buchen nach »ganz weit weg«. Ich vermisse dieses Gefühl nicht.

Nur Menschen, die in »Jobs« feststecken, suchen nach Work-Life-Balance. Menschen mit Berufung empfinden die eigenen »atypischen« Arbeitszeiten als Bereicherung. Der Fortschritt der Technik, Smartphones, Tablets und mobiles Internet, das ständige Erreichbarkeit gebracht hat, ruinieren nicht zwanglsäufig die Work-Life Balance. Sie enthüllen nur, wie sehr sich viele von einem Job mit ständigem Verfügbarkeitsanspruch in Gefangenschaft nehmen lassen. Arbeit und Leben als harmonisches Erlebnis erreicht man aber nur, wenn man sie als positiven Teil des Lebens begreifen kann und aufhört, sie als notwendigen Gegensatz zu verschmähen. Der Versuch, die beiden voneinander zu trennen, macht weder die Arbeit besser noch das Leben reicher, da man bei der Arbeit immer lieber woanders wäre und einem in der Freizeit stets vor dem nächsten Arbeitstag graust.

Wenn man nur für das Wochenende oder den nächsten Urlaub lebt, dann ist man dort, wo man ist, nicht richtig. Warum nicht lieber Arbeit gestalten, vor der man nicht ständig fliehen muss? Darauf ist der heutige Arbeitsmarkt zwar noch nicht eingestellt, aber das bedeutet nicht, dass es unmöglich ist, diesen Anspruch trotzdem für sich durchzusetzen.

Her mit dem schönen Leben!

Wer sich traut, die Frage nach dem Lebensglück zu stellen, muss sich fragen: Was ist mein »menschliches Potenzial« und inwieweit werde ich es in meinem Leben ausschöpfen?

Fragt man jemanden, woran er arbeiten würde, wenn für das Einkommen gesorgt wäre, dann bekommt man meistens überraschende Antworten eines völlig anderen Lebensentwurfes. Die Freiheit, dass wir heute alle Möglichkeiten haben, uns zu verwirklichen, bringt ebenso den Umstand, dass wir auch selbst wissen müssen, was wir in unserem Leben tun möchten. Was muss also geschehen, damit ein neues Verständnis von Arbeit nicht naive Vorstellung bleibt, sondern zur praktischen Lebensrealität werden kann?

Um zu erreichen, dass unser Charakter, unsere Interessen und Talente stimmig zu den beruflichen Anforderungen passen, helfen tatsächlich nur die Auseinandersetzung mit sich selbst und der Wille, Gestalter zu werden. Ansonsten bleibt jede Idee nur eine Idee, jede Erfolgsgeschichte nur Theorie. Meiner Einschätzung nach wird es die Herausforderung der heutigen und folgenden Generationen sein, die Art und Weise, wie wir leben, und die Dinge, an denen wir arbeiten wollen, sinnstiftend zu verbinden. Zu tun, was wir lieben, ohne dabei zu »verarmen«. Dazu braucht es zunächst ein Abschiednehmen von alten Denkweisen. Weg von: Arbeit ist etwas, das mir diktiert wird. Hin zu: Ich entscheide, was meine Arbeit ist.

Auch wenn die Büros der modernen Unternehmen wie Sofalandschaften aussehen und man eher das Gefühl bekommt, im Café zu sein anstatt bei der Arbeit, stillen diese Annehmlichkeiten langfristig nicht das Bedürfnis nach Unabhängigkeit und einer sinnvollen Tätigkeit. Nur weil Schreibtischmief und Ficus-Benjamina-Chic sich langsam auf dem Rückzug zu befinden scheinen, reicht es nicht, einen Pingpongtisch im Büro zu haben, um sich frei zu fühlen. Auch wenn das natürlich ganz nett ist.

Arbeit zu haben, die sich nicht wie ein Job anfühlt, ist also die wahre Aufgabe. Was stellst du nun am besten an, wenn du mehr tun möchtest, als einfach einen Job zu erledigen, aber keine zündende Idee hast, wie eine sinnstiftende Aufgabe gestaltet werden kann?

Um mehr zu spüren, muss auch mehr da sein. Und deshalb ist die inhaltliche Substanz der Arbeit so wichtig. Du musst tatsächlich und wahrhaftig daran glauben, dass das, was du tun möchtest, Bedeutung hat.

Die Krux ist, dass es im »klassischen Angestelltenverhältnis« nicht hauptsächlich darum geht, bedeutungsvolle Arbeit zu leisten. Die »schöne neue Arbeitswelt«, in der das Arbeitsleben auf ständige Prozessoptimierung und Anpassung an die Firmenziele ausgerichtet ist, bringt kaum die Voraussetzungen mit sich, um echte Leidenschaft entwickeln zu können. Die mangelnde Notwendigkeit, Wertschätzung gegenüber seinem Job zu entwickeln, ist relativ normal, aber keineswegs folgenlos. Denn sein Leben zu verbringen, ohne seiner eigenen Arbeit wirkliche Bedeutung beizumessen, ist aus vielerlei Hinsicht tragisch:

- Wir können nicht zufrieden sein, wenn wir ausschließlich etwas tun, das uns nichts bedeutet. Das Streben nach Statussymbolen bringt kein erfülltes Leben. Mehr Haben führt nicht zu mehr Sein. Beweis genug sind die steigenden Zahlen Ausgebrannter, die trotz sicherer Gehälter den Sinn in ihren täglichen Aufgaben nicht spüren.[7] Zufrieden ist, wer mit sich im Einklang ist. Das sind wir nur, wenn wir wissen, dass die Dinge, die wir tun, Sinn und Bedeutung haben.

- Der Welt wird unser wahres Können und Talent vorenthalten, und wir verschließen uns Möglichkeiten, Menschen zu begegnen, die unsere Begeisterung teilen.

- Wir können nicht authentisch sein und müssen das Leben von der Arbeit trennen, anstatt der Arbeit mehr Leben zu geben.

- Wir manifestieren den Status quo, anstatt unsere Chance zu nutzen, etwas Neues vorzuschlagen und uns weiterzuentwickeln. Das ist besonders gravierend, denn es bedeutet Stillstand.

- Wir verbringen wertvolle Lebenszeit abseits von Wünschen und Begabungen, anstatt sie in Projekte zu geben, an denen wir wachsen und mit denen wir die Gesellschaft bereichern können.

Auf wie viele der oben genannten Punkte kannst du verzichten und ein Leben lang Kompromisse machen?

Wenig hilfreich ist es, händeringend nach der einen richtigen Stelle zu suchen, die eine »bedeutungsvolle Arbeit« verspricht. Der Fehler liegt in der Haltung des »Suchens«. Bedeutung sucht man nicht irgendwo, schon gar nicht in einem Job, sondern sie entfaltet sich. Und zwar bei der richtigen Arbeit. Das klingt altklug, ist aber tatsächlich eine Beobachtung, die ich bei allen Menschen, die sich über ihre Arbeit verwirklichen konnten, gemacht habe, und daher sicher eine Überlegung wert.

Meine eigene Selbstständigkeit fing damit an, Grafikdesign und Logos zu gestalten. Vielleicht keine besonders bedeutende Leistung für die Welt. Unbedeutend war sie aber nicht, weil sie tatsächlich keine Geltung hatte, sondern weil sie mir selbst zu wenig bedeutete. Und daher auch nicht recht glücklich machten konnte. Die Dienstleistung Grafik bewegte mich nicht. Sehr wohl aber die Gestaltungsarbeit und der Gedanke, meinen persönlichen Arbeitsbegriff durchsetzen zu können. Die Philosophie von workisnotajob. war wichtiger als die Dienstleistung, die ich damals anbot. Also konzentrierte ich mich darauf, was mich wirklich antrieb, und baute das Konzept meines Studios daraufhin aus, einen neuen Arbeitsbegriff zu inspirieren. Ich fing an zu bloggen, ich sprach auf Konferenzen und vernetzte mich mit Universitäten. Heute biete ich keine Grafikdienstleistung mehr an, dafür bekomme ich täglich E-Mails von Menschen aus aller Welt, die von workisnotajob. bewegt sind, Mut gefasst haben, ihre langweiligen Jobs zu kündigen und jetzt die Abenteuer ihres Lebens angehen.

Über die richtige Arbeit konnte sich auch die wahre Bedeutung hinter dem kleinen Designstudio entfalten, das im Wesentlichen weniger mit Gestaltung von Grafikdesign als mit der Anstiftung kreativer Lebensstile zu tun hat. workisnotajob. als Inspiration – das hat Bedeutung für mich, und dafür arbeite ich gerne rund um die Uhr. Das gleiche gilt für meine anderen Projekte. Wenn sie Menschen erreichen und positiv inspirieren, dann ist es für mich von Bedeutung. Bedeutung hat grundsätzlich alles, dem wir selbst Bedeutung geben. Es liegt nicht in der Bewertung anderer, was uns selbst bedeutsam sein darf und welche Arbeit das für jeden Einzelnen sein kann. Wichtig ist, dass sie unser positives Lebensgefühl steigert und im besten Fall etwas in die Welt bringt, das Spuren hinterlässt. Spuren in unserem eigenen Alltag, aber auch in den Herzen anderer. Was Bedeutung hat, hat auch Sinn. Und wo Sinn ist, ist auch Substanz.

Das übliche Argument, die Sinnsuche sei ein Luxusproblem einer übersättigten Gesellschaft, die sich um die Deckung der Grundbedürfnisse schon lange keine Sorgen mehr machen müsse und sich daher neue Probleme ausdenkt, liegt nahe, ist aber problematisch. Was zynisch betrachtet zum »First World Problem« erklärt werden kann, bleibt trotzdem ein Problem. Nur weil auf der Welt nicht alle die gleichen Probleme haben, heißt das nicht, dass man ein unerfülltes Leben hinnehmen muss. Natürlich, ein Langzeitarbeitsloser, der vergeblich eine feste Stelle sucht, wird kaum wagen, nach der Bedeutung in der Arbeit zu fragen, geht es für ihn doch erst einmal darum, überhaupt irgendetwas zu machen, um sich wieder in die Gesellschaft integrieren zu können. Aber genau in dieser Haltung und auch in der damit zusammenhängenden gesellschaftlichen Erwartung liegt das Problem. Die Vernachlässigung, den Sinn in dem, was wir tun, zu hinterfragen und auch zur Bedingung zu machen, hat gerade dazu geführt, dass uns viele Jobs und Prozesse der modernen Arbeitswelt weitgehend sinnentleert vorkommen. Dabei ist es selbstverständlich, dass Unternehmen uns erklären können müssen, aus welchem guten Grund wir für sie arbeiten sollten; für welchen höheren Zweck wir uns damit einsetzen und welche Form der Gesellschaft wir damit fördern.

Was ist das für eine Gesellschaft, die Sinn und Bedeutung als exklusiven Schatz ansieht? Als einen Luxus, der nur einem bestimmten Teil der Bevölkerung zusteht und der sogenannten »geistigen Elite«, gut ausgebildeten

Menschen und Akademikern vorbehalten ist? All diese Menschen dürfen etwas besonders Sinnvolles machen, aber der weniger gut Ausgebildete, dauerhaft Arbeitssuchende oder »Otto Normalbürger« soll sich mit dem, was er zugewiesen bekommt, zufrieden zeigen? Zu tun, was man selbst für bedeutungsvoll hält, ist kein Luxus, sondern ein Recht. Ich meine sogar, Bedeutung in seiner Arbeit finden zu wollen und einen substanziellen Sinn durch sie zu leben, ist nicht nur ein Recht, sondern auch eine Notwendigkeit. Wer mehr zu geben hat als das, was ihm abverlangt wird, sollte es als seine Pflicht ansehen, diese Energie sinnvoll in sich selbst und die Welt zu investieren. Es macht nämlich nicht nur glücklich, sondern trägt auch zur »gesellschaftlichen Gesundheit« bei.

Wenn du meinst, die höchste Bedeutung liegt nicht in der Arbeit, sondern in der Familie, dann kann ich dir nur recht geben. Unstrittig ist, dass eine Familie zu gründen und zu pflegen, Freundschaften zu kultivieren und Zwischenmenschlichkeit zu fördern zu den bedeutungsvollsten Aufgaben des Lebens gehören. Aber warum sollte all dies nur im Gegensatz zu dem geschehen, was wir den ganzen Tag tun? Ist es nicht geradezu befremdlich, die wichtigsten Themen des Lebens scharf von unserem Arbeitstag zu trennen? Sind wir bei der Arbeit nur Chef? Manager? Angestellte? Und nicht Menschen, die ihre Zeit sinnvoll investieren möchten und etwas aufbauen wollen, das von Bestand ist? Ist das, was du aufbaust, von Bestand? Seinem Leben und seiner Arbeit Bedeutung zu geben ist eine Verantwortung, die wir alle haben. Das schöne Leben beginnt, wenn es gelingt, das Wesentliche seiner Arbeit zu erkennen und etwas von Substanz zu schaffen. Und das gelingt nur, wenn man verstanden hat, seiner Arbeit eine ganz persönliche Bedeutung zu geben. Kein Arbeitgeber, keine Organisation und auch kein Job kann es dir abnehmen. Sinn muss du dir selbst schaffen.

Alles muss neu

> »Die Zukunft ist hier. Sie ist nur noch nicht gleichmäßig verteilt.«
> – William Gibson

Unser Arbeitssystem ist in einer prekären Lage. Viele Wirtschafts- und Sozialwissenschaftler sehen das System, so wie wir es kennen, bedroht. Zur Wirtschaftskrise kommt die Schuldenkrise, die Volkswirtschaften stehen anscheinend immer kurz vor dem Zusammenbruch. Einige meinen, der technische Fortschritt führe zu Massenarbeitslosigkeit, andere meinen, dass wir alle in Zukunft viel mehr und länger arbeiten müssten. Glaubt man der vorherrschenden Meinung, scheinen sich die Bedingungen stetig zu verschlechtern, und wir alle werden entweder ausgemustert oder mehr und mehr zu modernen Sklaven einer hässlichen Ausprägung des Kapitalismus. Viele Arbeitsverhältnisse sind »prekär«, und das tatsächlich und nicht nur im Jargon sich gescheitert fühlender Akademiker, die annahmen, sie hätten etwas Besseres verdient. Wer kann sich in solchen Szenarien schon noch wohlfühlen, ganz geschweige denn den Mut fassen, sich über Arbeit auch noch verwirklichen zu wollen?

Die Antwort ist: Jeder, der sich weiterentwickeln und wirklich etwas verändern möchte. Wenn man den Realitäten ins Auge blickt, so liegt die Lösung wohl kaum darin, sich unendlich über die Zustände zu empören, sondern darin, eine persönliche Lösung für sich zu finden. Sich zu beklagen beinhaltet nicht, Verantwortung für Veränderung zu übernehmen. Es bedeutet nur sich zu beklagen.

Anstatt sich von dunklen Zukunftsvisionen verängstigen zu lassen, bietet es sich gerade jetzt an, aktiv zu werden. Für mich ist das Arbeitssystem vor allem in einer prekären Lage, weil es in ihm zu wenigen Menschen gelingt, sich selbst glücklich zu machen. Je widriger die Umstände der Erwerbsgesellschaft, desto plausibler eine »neue Selbstständigkeit« für den Einzelnen.

Modernes Unternehmertum ist heute interessanter denn je, allein schon durch die Entwicklung und den Einfluss von Technologien, die uns Zugang zu einem globalen Marktplatz ermöglichen und damit auch den Wettbewerb ordentlich anfeuern. Unternehmerisches Denken und Handeln wird für alle wichtiger. Und dieser Entwicklung sollte man positiv begegnen. Am besten nimmt man sie zum Anlass, sich seiner Potenziale bewusst zu werden und die großen Chancen, die damit zusammenhängen, für sich zu nutzen. Ein selbstbestimmtes Leben und Arbeiten gehörten zu den wichtigsten Prioritäten im Leben – auch wenn die Frage nach persönlicher Entfaltung und Freiheit die Vorstellungskraft der Vertreter einer arbeitsgesellschaftlichen Norm derzeit noch überfordert.

In der Neuorientierung hin zu einem neuen Verständnis von Arbeit steckt mehr als das Ziel, sich selbst glücklicher zu machen. Ein kreativer Lebensstil hat andere Präferenzen als Karriere und Sozialprestige. Wir alle haben die Chance, Werte zu schaffen, die nicht nur uns selbst, sondern auch anderen dienen, während wir Verantwortung für unsere Leben übernehmen. Und das bedeutet nicht weniger, als das gesellschaftliche Zusammenleben für sich neu zu definieren und selbst nach dieser Maxime zu leben. Hier geht es nicht mehr einfach nur um Arbeit, sondern vor allem um Lebenswege, die wir uns erlauben einzuschlagen.

Die Ausgangslage, um aktiv zu werden, ist keineswegs schlecht. Unser wirtschaftliches System kann man im Einzelnen beurteilen, wie man will, es hat uns aber zweifelsohne Annehmlichkeiten beschert, auf die wir alle nicht verzichten möchten. Unsere Gesellschaft baut auf den Wert der Freiheit, dazu gehören selbstverständlich die Wahlfreiheit oder auch die Handlungsfreiheit und die Chance auf Wettbewerb. Es gilt, diese Chancen zu nutzen. Wahlfreiheit bedeutet aber auch, offen zu sein für die Konsequenzen, die durch die eigene Wahl entstehen. Alle rufen nach Veränderung, aber niemand macht konsequent etwas anders? Wäre es nicht verantwortungsbewusster, sich ernsthaft zu überlegen, was man selbst bewegen kann, anstatt die Gestaltung von Arbeit und Wirtschaft allein kapitalstarken Unternehmern und alteingesessenen Konzerndinosauriern zu überlassen?

In Wirklichkeit ist es nicht mehr unrealistisch, sich *aktiv* am Geschehen zu beteiligen und sich vom Verwalter und Konsumenten selbst zum Gestalter und Produzenten zu entwickeln.

Sein Leben damit zu verbringen, eigene Ideen umzusetzen und nach persönlichen Vorstellungen zu arbeiten, ist etwas Großartiges. Dazu müssen wir aber wieder lernen zu träumen! Denn am Anfang so einer Entwicklung steht oft »nur« ein Traum. Ein Träumer zu sein scheint aus irgendeinem Grund jedoch nicht gesellschaftsfähig zu sein. Wann hast du zum Beispiel aufgehört zu träumen? Wahrscheinlich an dem Tag, als irgendjemand es dir ausgeredet hat. Dabei ist das Träumen von einer besseren (Arbeits-)Welt keinesfalls unbedeutend.

Martin Luther King sagte in seiner flammenden Rede anlässlich des Marsches auf Washington für Arbeit und Freiheit am 28. August 1963 nicht umsonst »I have a dream!«[8] anstelle von »I have a concern«. Jedes eindrucksvolle Vorbild in der Geschichte der Menschheit hatte eine Vision, einen idealistischen Traum von besseren Lebensumständen und setzte seine gesamte Energie und Arbeit in die Umsetzung dieser Idealvorstellung. Ob Martin Luther King, Gandhi oder Mutter Theresa, sie alle widmeten ihr Leben ihrem Traum von einer besseren Welt. Menschen, die wirklich etwas verändern, verharren gedanklich nicht in einer Realität, die alles unmöglich macht, sondern leben ihre Vision einer gewünschten Zukunft, damit eine neue Realität entstehen kann.

Viele Menschen träumen davon, etwas bestimmtes *haben* zu wollen. Ein Leben ohne Arbeit, eine verantwortungsvolle Position bei Unternehmen XY oder immer einen Euro mehr, als man ausgeben kann. Aber ein erfüllender Traum ist niemals so etwas einfaches wie ein Urlaub am Strand oder ein flottes Auto.

Ein echter Lebenstraum ist verbunden mit der Umsetzung eines generellen Lebensstils. Der Traum, etwas zu *sein*. Mutter sein zum Beispiel, oder Weltenbummler. Oder kreativer Unternehmer. Träume, die von einer Form des Seins gekennzeichnet sind, bringen die Chance mit sich, an ihnen zu wachsen. Sie sind gebunden an eine Art der Arbeit, die das Leben wirklich bereichert. Der Traum, »Bauer zu sein«, drückt etwas anderes aus als die romantische Vorstellung, »einen Bauernhof zu haben«, der Wunsch, »Gastwirt zu sein«, lässt eher auf die Kenntnis des Arbeitsalltags schließen als der Traum, »ein Restaurant zu besitzen«. Der Traum, etwas Bestimmtes zu sein, ist mehr als nur eine idealisierte Wunschvorstellung, die niemals umgesetzt wird. Denn hier ist dem Träumer eher klar, dass er nur in Verbindung mit der eigenen Arbeit zu verwirklichen ist.

Selbst wer als Millionär auf die Welt kommt, muss sich darüber Gedanken machen, wie er für sich ein erfüllendes Leben gestalten kann. Auch er kann sich seinen Traum nicht kaufen, sondern muss ihn leben. Anstatt Träume zum Anlass zu nehmen, an die Arbeit ihres Lebens zu gehen, wünschen sich viele lieber weg von ihrer Arbeit. Die meisten haben eine »Exit-Vorstellung«, also den Wunsch, in ein anderes Leben zu wechseln, nur wenige eine »Commitment-Strategie«, sich das jetzige besser zu gestalten. Statt vom »Ausstieg« zu träumen empfehle ich, den »Einstieg« zu wagen! Vielleicht träumst du nicht gleich davon, die Welt zu verbessern – aber warum eigentlich nicht? Wir schließen die Möglichkeit der Veränderung aus, weil sie unrealistisch erscheint. Ängstlich-rationales Denken kann jedoch sehr schnell zur kompletten Selbstdemontage führen. Dabei gibt es keinen triftigen Grund, sich in seinem Leben nicht mit der Umsetzung seiner Träume zu beschäftigen. Keinen einzigen triftigen Grund.

Träume zu haben ist unglaublich wichtig, denn sie geben uns einen Hinweis darauf, in welche Richtung wir uns gerne entwickeln würden und welche Rolle wir insgeheim auf der Welt spielen möchten. Wer davon träumt, ein Popstar zu sein, hat wahrlich andere Ziele als jemand, der sich wünscht, in Abgeschiedenheit eine Baumschule zu betreuen. Dass es wichtig ist, Lebensträume ernst zu nehmen, meine ich ganz ausdrücklich. Sie bergen das Ziel, zu dessen Weg wir uns nur entschließen müssen. Zu träumen bedeutet nicht, generell naiv zu sein oder die »reale Welt« nicht sehen zu wollen. Es kann der Anfang eines neuen Denkens sein. Jedenfalls wenn du, so wie ich, das Wort »Traum« stellvertretend für mutiges Denken, große Ziele und gesunden Idealismus benutzt.

Um neue Wege zu gehen, brauchst du einen Traum, an den du glauben kannst, und welcher Traum ist schon besonders durch seinen Realitätsanspruch gekennzeichnet? Die großen Ziele, die einem selbst richtig ilusorisch und visionär vorkommen, sind die besten. Damit du an deinen Zielen wachsen kannst, müssen sie subjektiv hoch gesteckt sein. Meistens sind die Dinge, die einem selbst total illusorisch vorkommen, gar nicht so unrealistisch, und irgendwer da draußen setzt Ähnliches schon lange für sich um. Um sich unbeschwert zu fühlen und gedanklich alle Möglichkeiten zuzulassen, empfehle ich, die Widerstände der realen Welt für einen Moment zu ignorieren. Ständig gleichst du sonst deine Träume mit dem, was du von der Realität erwartest, ab. Weil dich das nicht beflügeln wird, musst du dir zutrauen, einmal auf die reale Welt da draußen zu pfeifen und dir das Leben in bunten Farben auszumalen. Träume kennen keine Konventionen, alles ist erlaubt. Je mehr Respekt sie einflößen, desto interessanter ist es, sie zu erforschen.

Das hört sich einfach an, wir leben aber keineswegs in einer einfachen Welt. Und gerade deswegen sollten wir idealistisch sein! Ich gebe zu, idealistisch zu sein ist leicht. Schwer ist es, idealistisch zu bleiben. Der Alltag wird uns immer häufiger die Unmöglichkeiten als die großartige Vielfalt der Chancen jedes neuen Tages widerspiegeln. Das Leben ist tatsächlich nicht immer ideal, und auch die Geschäftswelt wird uns jeden Tag auf die Probe stellen. Eine starke Überzeugung und einen Traum, an den wir glauben können, sind die besten Mittel, sich auch gegen Widerstände durchzusetzen und dabei nicht die Kraft zu verlieren.

Je idealistischer man seine Arbeit sieht, desto pragmatischer muss man sie durchführen. Und desto besser muss man die unternehmerischen Elemente seiner Arbeit beherrschen. Leidenschaft und Idealismus sind eine unschlagbare Kombination, die zum Erfolg nur noch eines benötigt: Durchhaltevermögen. Die Realität hat mich immer nur aufgehalten, meine Träume haben mich dagegen immer zum nächsten Schritt beflügelt.

Wenn du deine eigenen Ideale nicht kennst, wird dir nichts anderes übrig bleiben, als bei irgendwem angestellt zu sein, um seine Ideale umzusetzen. Was ist also der erste kleine Schritt, den du heute in Richtung deines Traumes unternehmen kannst? Letzlich ist das pragmatische Umsetzen der eigenen Lebensträume die wahre Arbeit.

>>POWERFUL DREAMS INSPIRE POWERFUL ACTIONS<<
MUTIGE IDEEN INSPIRIEREN MUTIGE TATEN

Neue (Selber-)Macher braucht das Land

> »Sag mir, was du mit deinem einzigen,
> wilden und kostbaren Leben anfangen willst.«
> – Mary Oliver

Wer die Fähigkeit hat, kühn zu träumen, hat immerhin mehr Fantasie als die meisten anderen Menschen. Damit aus Träumen Wirklichkeiten werden, darf es aber nicht beim Träumen bleiben. »Macher« ist ein etwas albernes Wort. Aber Menschen, die etwas machen, braucht die Gesellschaft dringend. Wenn du davon ausgehst, dass Arbeit, die dir Spaß macht, mit finanzieller Unabhängigkeit einhergehen soll, musst du dir überlegen, welche Formen des Arbeitens für dich in Frage kommen. Für alle, die Selbstbestimmung und Gestaltungsfreiheit einem fremdbestimmten Arbeitsalltag vorziehen, bietet es sich an, die Chancen des »Entrepreneurships« für sich zu nutzen.

Das Wort »Entrepreneur« ist nicht gerade unkompliziert in der Aussprache, aber bezeichnet zunächst einfach jemanden, der etwas »unter-nimmt« (aus dem Französischen: »entre« und »prendre«). Der »Entrepreneur« unterscheidet sich jedoch vom klassischen Unternehmer in seiner besonderen Geisteshaltung und Dynamik, seine Ideen und Interessen durchzusetzen, im Zweifel auch entgegen den Konventionen. Der österreichische Ökonom Joseph Alois Schumpeter nannte es »schöpferische Zerstörung« (Schumpeter 2005) und meinte damit die Revolution und immerwährende Erneuerung von kapitalistischen Systemen durch innovative Unternehmer, die alles auf den Kopf stellen mit ihren radikalen Ideen.

Das hört sich vielleicht danach an, als müsste man ein ziemlicher Punk sein, um sich von dem alten Arbeitstrott zu verabschieden. Tatsächlich muss man einfach nur engagiert sein und Lust haben, etwas Neues für sich zu schaffen. Wie wäre es also zunächst mit einer »schöpferischen Erneuerung«? Das klingt weniger vernichtend und dafür mehr nach innovativer Veränderung innerhalb eines bestehenden Systems. Um so etwas hinzubekommen, muss man gar nicht zwingend gegen etwas kämpfen, sondern am besten kämpft man *für* etwas! Die Motivation muss nicht darin liegen, herkömmliche Strukturen gänzlich abzuschaffen, sondern zunächst darin, Alternativen anzubieten. Noch besser als das Wort »Macher« ist deshalb eigentlich das Wort »Umsetzer« im wahrsten Sinne des Wortes, denn die erfolgreichsten Macher denken sich nicht nur etwas Neues aus, sondern setzen es auch um.

»On-trä-prä-nör« zu sein ist weniger kompliziert, als es sich anhört. Ein Entrepreneur ist einfach jemand, der leidenschaftlich und angstfrei Chancen und Gelegenheiten verfolgt, im Zweifel ohne aufwändige Mittel zur Verfügung zu haben. Um die »Macher«, die ich meine, zu beschreiben, brauchen wir eigentlich gar kein neues flottes Vokabular. Es ist für die Praxis nämlich vollkommen egal, wie man sich als unternehmungslustiger Mensch bezeichnen möchte. Hier geht es weder um die Verwissenschaftlichung noch um die Lifestyle-Erscheinung, sondern um das echte Interesse an neuem Unternehmertum und sinnvoller Arbeit. Ich habe mich selbst nie als Unternehmerin, Entrepreneur oder sonst etwas bezeichnet, aber mich lange, bevor ich das Wort »Entrepreneur« überhaupt kannte, schon wie einer verhalten. Es geht hier nicht um Titel und Schubladen. Es geht ums Machen.

Fakt ist, um heute unternehmerisch kreativ zu werden, muss man weder einen Haufen Geld besitzen noch den Bau einer riesigen Firma vorhaben. Zwar haben in Deutschland viele noch immer alte Bilder vom Unternehmertum im Kopf, stark verbunden mit Kapitalbesitz und der Ausrichtung auf Wachstum und Massenproduktion. Richtig ist aber, dass inzwischen jeder Unternehmer sein kann, der Geld verdienen möchte mit dem, was er gerne tut. Es ist kein exklusiver Club, zu dem nur Betriebswirtschaftler und Kaufleute Zugang haben. Ganz im Gegenteil! Jeder sollte ermutigt werden, sich mit seinem Können unternehmerisch auszuprobieren!

Häufig sagen Leute zu mir: »Es kann nicht jeder selbstständig sein.« Ja, das ist richtig, aber die unzähligen Alternativen zum klassischen Angestelltendasein werden bei weitem nicht ausgeschöpft. Wären wir nicht alle unabhängiger, wenn wir nicht mehr vollkommen auf fremde Arbeitsplätze angewiesen wären? Laut einem Bericht der EU-Kommission von 2012 ist

THINK BIGGER

es für 78 Prozent der Deutschen »nicht erstrebenswert«, sich in den nächsten fünf Jahren selbstständig zu machen.[9] Kaum jemand ist mit den alten Konventionen der Arbeitswelt zufrieden, aber nur wenige Menschen haben ernsthaft Lust auf Unternehmertum. Leider, denn modernes Gründen kann großen Spaß machen und eine echte Alternative zu einem lähmenden Arbeitsalltag darstellen.

Doch warum kommt überhaupt jemand auf die Idee, eine Firma zu gründen? Muss dahinter immer der Wunsch nach materiellem Reichtum stecken? Kann die Triebfeder des Geschäftemachens in der heutigen Zeit vielleicht auch zweitrangig sein und es vorwiegend darum gehen, etwas in Vollzeit zu tun, das einen begeistert, und der Wunsch dahinterstecken, das Leben und die Welt aktiv zu gestalten? Eine Unternehmensgründung bietet auch die großartige Chance, eine generelle Arbeitskultur zu prägen und nicht nur Serviceleistungen anzubieten oder Produkte zu entwerfen. Es ist nicht nötig, den aktuellen Job überstürzt zu kündigen oder erst sehr viel zu investieren um loszulegen. In den meisten Fällen gilt: Man braucht weniger, als man glaubt, und hat mehr, als man denkt!

Du befindest dich in der fantastischen Ausgangssituation, dass du über viele wichtige Voraussetzungen bereits verfügst: Du besitzt Interessen, Erfahrungen, Talente, Ideen, Kreativität, Freunde, Kontakte und Zugang zu einem Computer. Hinzu kommen die Selbstverständlichkeit des Internets und damit entstandene Möglichkeiten zur digitalen Vernetzung. Das Internet schafft unternehmungslustigen Machern beste Voraussetzungen und ist Schaufenster und Marktplatz für ihre Ideen. Was gebraucht wird, sind die Kenntnis der eigenen Fähigkeiten, eine Idee, für die man brennt, und der Wille zur Umsetzung – am besten in Form eines schlüssigen Konzeptes. Wer seine Idee zum Geschäftsmodell machen kann, der ist auch »Entrepreneur« und hat alle Möglichkeiten in der neuen Arbeitswelt.

Nehmen wir meine heutige Gründerpartnerin Sophie Pester. Die Diplom-Designerin konnte sich noch nie dafür erwärmen, ihre Lebenszeit in einer der großen Agenturen für Werbung, Grafik oder Kommunikation verbringen zu müssen. Sie hatte zwar einen Vollzeitjob, der für das Einkommen sorgte, er bot aber kaum Platz für anderweitige Interessen. Also startete sie 2006 nebenbei ihr eigenes Label für handgemachte Textil- und Designobjekte. Internet sei Dank erreichte sie mit ihren eigenen Produkten nicht nur eine Masse an Kunden, sondern vor allem eine aufkeimende Szene von Selbermachern und Do-it-yourself-Enthusiasten, die sich vernetzen wollten. Immer deutlicher wurde, wo ihre wirkliche Arbeit lag – nämlich in den eigenen Projekten anstatt im fremden Büro. Kurzerhand schuf Sophie die Plattform »hello handmade«, einen virtuellen Ort »für handgemachtes, unabhängiges Design und originelle Ideen«.[10]

Als Labelbesitzerin mit eigenen Produkten wusste sie um die Wichtigkeit, diese trotz der Möglichkeiten des Internets, auch offline zu vertreiben. Für kleine Label mit überschaubarer Produktpalette ist der konventionelle Einzelhandel nicht unbedingt gewinnbringend. Wer nicht für die Masse produziert und seine Ware selbst herstellt, der weiß, wie schwierig es ist, die Margen dann hoch genug zu halten, und wie wenig es oft bringt, seine Produkte auf Kommission anzubieten. Märkte gab es viele, aber die persönliche Erfahrung zeigte: Weder auf einem Kunsthandwerkermarkt noch auf einem Ökomarkt waren ihre Sachen richtig positioniert. Dank hello handmade wusste Sophie, dass es vielen Designern so ging! Also organisierte sie ihren eigenen Markt in Hamburg, der hello handmade Markt war geboren. Heute bewerben sich Hunderte von Verkäufern für den Markt, von denen rund hundert ausgewählt und eingeladen werden, um ihre professionell selbstgemachten Produkte zu verkaufen.

Der hello handmade Markt zieht jedes Jahr im Herbst Tausende von Menschen an! Seit der Gründung 2010 geht das Projekt ins vierte Jahr und ist heute nicht mehr wegzudenken aus der Handmade- und Kulturszene Hamburgs. Vom eigenen Label zur Plattform zu einem der populärsten Designmärkte Deutschlands schuf Sophie Pester sich ihre eigene Arbeitswelt. Grundlegend waren ihre persönlichen Interessen und das Gespür dafür, was Menschen zusammenbringt. Niemals hätte sie geglaubt, dass hello handmade so populär werden und das Leben so vieler Menschen bereichern könnte. Ihren alten Job hat sie lange gekündigt. Heute lebt sie von ihren eigenen Ideen.

Jeder, der heute gründet, prägt die Arbeitswelt von heute und auch die von morgen. Unter einem neuen Unternehmertum verstehe ich, dass man sich selbstständig macht, weil man nach ehrlicher Substanz sucht und der eigenen Arbeit die Prinzipien einer alternativen Arbeitskultur und nachhaltigen Wirtschaftens voranstellt. Der Prozess des Kulturschaffens rückt dann vor den Stellenwert des Profitmachens. Und das ist innovatives Entrepreneurship!

Auch wenn du nicht selbst gründen möchtest, solltest du deine Arbeit dort verrichten, wo sie für dich persönlich bedeutungsvoll ist, um damit die neue Arbeitskultur entscheidend mitprägen zu können. Unternehmer brauchen selbstbewusste Mitarbeiter, ohne die auch sie nichts Neues unternehmen könnten. Unternehmen sollte es darum gehen, Orte der Zusammenarbeit zu schaffen, an denen Geschäft mit Begeisterung verbunden wird. Es gibt viele Menschen, die Ideen haben und Spaß daran, diese umzusetzen. Menschen, die Arbeit nicht als Erwerbszwang und die Strukturen als Zumutung empfinden. Menschen, die einen eigenverantwortlichen Beitrag zur Verbesserung der wahrgenommenen Missstände leisten wollen.

Sich selbstständig zu machen heißt auch, sich *zuständig* zu machen. Als Entrepreneur kann man für die Verbesserung von Arbeitsverhältnissen streiten, ohne dabei irgendwen anzuklagen, sondern vor allem, indem man Arbeitskultur neu prägt. Damit der Traum eines erfüllenden Arbeitsalltags selbstverständlicher wird, könnte die Antwort also ein Mehr an neuem Unternehmertum sein. Je mehr eigenverantwortliche Projekte es gibt, desto eher verbessern sich auch die alten Systeme. Eine Art »Volks-Entrepreneurship«, wie Günter Faltin es nennt (Faltin 2008, S. 2–3), könnte die Lösung für eine neue Arbeitswelt sein, in der Wirtschaft nicht im Gegensatz zu Werten und Menschlichkeit steht. Dazu müssen wir nicht alle Sozialunternehmer per definitionem werden. Sich sozial zu verhalten und sinnvolle Arbeit leisten zu wollen, ist keinesfalls auf typisch karitative Zwecke beschränkt, sondern vielmehr Teil eines neuen Bewusstseins für Arbeit und Unternehmertum.

Die Alternativlosigkeit zum Normalarbeitsplatz, bei dem die Vorteile nun einmal überwiegen, ist nur ein Teil der Wahrheit. Tatsächlich sind wahrgenommene Qualitäten und lohnenswerte Umstände sehr subjektiv und nicht allgemeingültig.

Das Angestelltsein kann als große Belastung wahrgenommen werden, wenn das Herz nun einmal für etwas anderes schlägt. Die Alternative zum Normalarbeitsplatz zu romantisieren ist natürlich absurd. Ich kenne ebenso viele Selbstständige, die sich über ihre Umstände beschweren, wie Angestellte. Aber glücklich machen kann man sich eben nur selbst. Und schon allein deswegen muss man für sich wissen, welche Prioritäten das eigene Arbeitsleben hat. So zu tun, als ob die Routine im Büro uns nun gerade dazu verhelfe, das Meiste aus uns zu machen, ist doch sehr fraglich. Sicher ist nicht jeder zum Unternehmer geboren. Aber glaubt wirklich irgendjemand, dass er für die abhängige Beschäftigung geboren wurde? Trotzdem wird oft der größtmögliche Kompromiss gemacht, und das gelingt einigen besser, anderen schlechter. Selbstständig zu sein ist aber nur schwer, wenn man lieber angestellt wäre!

Bei allen mir bekannten Beispielen, in denen die Selbstständigkeit nicht geklappt hat, lag es in letzter Konsequenz daran, dass die Erwartungshaltung der Gründer nicht zu der eigenen Leistungsbereitschaft gepasst hat. Häufig wurde das Geschäftsmodell über- und die Arbeit unterschätzt, sich zu wenig darauf konzentriert, welchen Wert die Gründung ins Leben anderer bringen wird, und zu viel Geld für Nebensächlichkeiten ausgegeben. Meistens wünschte man sich die Annehmlichkeiten der Festanstellung zurück, zu denen auch das »Nicht-zuständig-sein« für bestimmte Gebiete, im Zweifel relativ leistungsunabhängiges Gehalt, Verantwortung, die an andere abgegeben werden kann, und feste Arbeitszeiten gehören. Natürlich gibt ein klassisches Arbeitsverhältnis eine für viele Menschen wichtige und hilfreiche Struktur vor. Doch ist es das wert, sich deshalb nie selbst verwirklichen zu können?

Die konventionelle Arbeitswelt mit ihrer Fremdbestimmung und Ausrichtung auf Konformität sorgt dafür, dass in den Großraumbüros statt eigenverantwortlicher, starker Charaktere hauptsächlich »teamfähige« und »gehorsame« Menschen gewünscht sind. Das »Office« und die dazugehörigen Prozesse, Hierarchien und Computerprogramme organisiert unsere Arbeit nach Firmenzielen. Wer andere Ziele hat, muss sich selbst organisieren. Denn zu einem stärkeren Verlangen nach Freiheit und Selbstbestimmung gehört eben auch ein hohes Maß an Eigenverantwortung und Selbstführung.

Wir haben verlernt, was es heißt, wirklich selbstständig zu arbeiten. Eine neue Generation von Machern muss es wieder können.

DON'T BLAME MONDAY.

IT'S YOUR JOB THAT SUCKS.

Sich aus den Dingen etwas machen

*»Fantasie haben heißt nicht, sich etwas ausdenken;
es heißt, sich aus den Dingen etwas machen.«
– Thomas Mann*

Unternehmerisch tätig werden kann jeder, auch wenn er nicht gründen möchte. »Entrepreneurship« umfasst eine unternehmerische Denk- und Handlungsweise, die sich jeder, der seine eigenen Ideen realisieren will, zunutze machen kann. Durchaus auch im klassischen Arbeitsverhältnis. Mehr Eigenständikeit zu wagen und eigene Ideen zu leben, verändert das ganze Leben. Um mehr aus dem zu machen, was man hat, muss man allerdings aufhören, wie ein Angestellter zu denken, der stets angeleitet werden will, und beginnen, sich zuständig zu fühlen. Und entsprechend zu handeln. Es reicht nicht, sich zwanghaft mit irgendeinem Unternehmen zu identifizieren. Besser ist es, man macht sich bewusst, womit man sich wirklich identifizieren kann.

Würde unsere Arbeit uns nicht alle mehr begeistern, wenn sie uns persönlich mehr betreffen würde? Die Umorientierung beginnt beim Umdenken: Das klassische Angestelltenverhältnis ist von einem Tauschhandel geprägt. Der Arbeitsvertrag hält fest, welche Gegenleistung wir für unsere erbrachte Arbeit erhalten. Je weniger die Arbeit für uns bedeutet, desto mehr wächst unsere Anspruchshaltung (wir wollen »entschädigt« werden). Für jeden »Extra-Handschlag« wird auch eine Extra-Gratifikation erwartet. Über materielle Kompensierung werden wir dazu bewegt, Arbeit zu verrichten, die wir sonst wohl nicht machen würden. Denn es geht nicht mehr darum, einen persönlichen Beitrag zu leisten, wir verfolgen keine persönlichen Ziele mehr, sondern müssen Teamziele oder Firmenziele verfolgen.

Wer sich dagegen wirklich mit seiner Arbeit identifizieren kann, ist in der Regel von einer Idee motiviert, die Werte schafft. Vielleicht das Wohnviertel zu beleben, indem ein Laden eröffnet wird. Oder eine Software zu entwerfen, die die Buchhaltung vereinfacht, unterhaltsam oder anderweitig nützlich ist. Was auch immer es ist, der Gedanke, mit dem Vorhaben wirklich Geld zu verdienen, erfolgt häufig erst im zweiten Schritt. Zunächst geht es darum, ein Problem zu lösen oder ein System zu vereinfachen, oder einfach um die Lust am Schaffen. Unternehmer sein, etwas *unternehmen* ist im Deutschen eigentlich eine sehr schöne, positiv besetzte Formulierung. Warum unternehmen wir eigentlich nicht mehr?

Um es polemisch auszudrücken: Das typische Angestelltendenken (»Ich bin nicht zuständig«) ist keine Haltung, die uns im Leben außerhalb des Büros besonders weiter bringt. Im Konzern ist so eine Haltung häufig systemimmanent und entsteht, wenn wir etwas tun sollen, für das wir uns nicht verantwortlich fühlen. Formen des unternehmerischen Denkens (»Wo ist meine Chance?«) sind dafür in jeder Lebenslage hilfreich. In anderen Lebensbereichen übernehmen wir ganz selbstverständlich Verantwortung. Was läuft da anders? Ganz einfach, wir fühlen uns verbunden mit dem, was wir tun. Es ist uns wirklich wichtig.

Unternehmerisches Handeln im Sinne des Entrepreneurs kann man üben. Und zwar, indem man beginnt, Arbeit, die man ohnehin gerne tut, nicht mehr nur für sich zu tun, sondern auch anderen als Mehrwert anzubieten. Vielleicht kann man sein Fachwissen weitergeben, ein Musikinstrument lehren, in einer Band spielen, ein Event organisieren oder ein gemeinnütziges Projekt auf die Beine stellen, ohne dabei primär ans Geldverdienen zu denken. Auf diese Weise kann man erfahren, wo das eigene Kapital liegt und ob Talente und Fähigkeiten unabhängig von der gegenwärtigen Berufsbezeichnung bestätigt werden. Kann jeder, der in seiner Freizeit in einer Band spielt, auch berühmt werden und letzlich davon leben? Wahrscheinlich nicht. Aber wenn er überzeugt ist von seiner Musik, strahlt er das auch aus und wird von allen, die sein Konzert besuchen, ausschließlich als Musiker wahrgenommen. Auch wenn er vielleicht montags bis freitags Verkaufsberater für Staubsauger ist, die ihn nicht interessieren. Sobald du in dem Bereich deiner echten Begabungen aktiv wirst, wird es zu neuen Bekanntschaften kommen, es werden sich andere Gespräche ergeben und neue Möglichkeiten auftun. Woher soll dein zukünftiger Businesspartner, Investor oder Mentor wissen, wie brillant du bist, wenn du nirgends als du selbst in Erscheinung trittst?

Erst wenn du begonnen hast, dich auszuprobieren, und deine Arbeit anbietest, kannst du beurteilen, wie erfolgreich du sein kannst. Erst dann kannst du dich als eigenständiger Akteur wahrnehmen, die Möglichkeit, sich mit eigener Arbeit durchzusetzen, bekommt eine reale Dimension. Anders als im klassischen Arbeitsverhältnis ist es nötig, aus den eigenen Möglichkeiten heraus tätig zu werden, anstatt auf Auftrag und Startschuss anderer zu warten. Pfeif es von den Dächern, damit du gefunden werden kannst. Es kommt darauf an, das vorhandene Potenzial als Gestaltungsmittel für eine selbstbestimmte Zukunft zu nutzen. Selbstorganisation und Selbststeuerung sind für ein freies Arbeiten unbedingt erforderlich. Der neue Anspruch an die Arbeit ist vom Wunsch nach Freiheit geprägt. Frei kann man *von etwas* sein, zum Beispiel von den Zwängen konventioneller Strukturen, Hierarchien und Abhängigkeiten. Wichtiger aber noch ist es, frei *für* etwas zu sein, nämlich frei im Denken und frei für die eigene Tätigkeit und das eigene Angebot. Dies ist unerlässlich, um die neuen Ansprüche an selbstbestimmte Arbeit zu erfüllen. Ein Macher zu sein bedeutet vor allem, *Selbstvertrauen* zu haben.

> *Die Fragen, die du dir beantworten können musst, sind: Wie frei möchte ich wirklich sein? Was kann und will ich wirklich? Zu welchen Kompromissen bin ich dafür bereit?*

THIS IS AN OPPORTUNITY.
TAKE IT.

Erfolg hat drei Buchstaben

»Freude bringt Erfolg.«
– Joachim »Blacky« Fuchsberger

»Erfolg hat drei Buchstaben«, sagte einst Goethe und meinte die Buchstaben: TUN. Um überhaupt je Erfolg haben zu können, muss man zunächst etwas tun, so könnte man deuten. Die Definition von Erfolg ist in der Gegenwart unserer Arbeitswelt allerdings eher von fünf Buchstaben geprägt, nämlich: HABEN. Nicht wer mehr tut, sondern wer mehr hat, ist obenauf. Wir sind erfolgreich, wenn wir auf der Karriereleiter jeden überholen, uns mehr leisten und mehr konsumieren können, auf einem hohen Posten sitzen und irgendwie wichtig sind. Manch einer traut sich aufgrund des allgegenwärtigen gesellschaftlichen Erfolgsdrucks gar nicht, sein eigenes Leben so zu leben, wie er es sich eigentlich vorstellt. Wer will schon jemand sein, der keine Karriere gemacht hat? Lieber machen wir die Ausbildung, die Papa vorschlägt, und erklären es uns zum Ziel, das Auto zu fahren, das der Kollege sich nur eine Nummer kleiner leisten konnte. Erfolgsdruck und Geltungssucht zeigen sich nicht selten in dem Glauben: »Ich muss einen fantastischen Job haben, ich muss einem irre kreativen Hobby oder Sport nachgehen, eine perfekte Beziehung haben und einen spektakulären Fernurlaub machen.« Durch Erziehung und gesellschaftliche Vorgaben begeben wir uns freiwillig in eine Zwangsjacke von Konventionen, die uns glauben machen, was Erfolg im Leben sichtbar macht.

Die schlechte Nachricht ist: Niemand kann sich davon wirklich frei machen. Irgendwie ist man doch das ganze Leben über damit beschäftigt, sich anzupassen, den Anforderungen zu genügen und nach Anerkennung zu suchen. Die gute Nachricht ist: Viele dieser Vorgaben sind nichts weiter als kollektive Glaubenskonstrukte, die mit einem gelungenen Leben nicht zwingend etwas zu tun haben müssen. In den Medien werden nur Überflieger und Ausnahmetalente zelebriert; ob sie in Wirklichkeit menschliche Wracks und drogenabhängige Workaholics sind, wissen wir nicht. Wir bekommen nonstop vorgezeigt, wie das schöne Leben auszusehen hat, und werden mit idealtypischen Bildern und Geschichten berieselt. Wer da mithalten will, wird es ohne Frage schwer haben. Denn wie viele schon festgestellt haben, wird der Versuch, nach fremden Vorstellungen von Erfolg und Leistung zu existieren, nicht glücklich machen.

Um sich über die eigene Arbeit emanzipieren zu können, muss man auch Erfolg für sich persönlich definiert haben. Und zwar unabhängig von gesellschaftlicher Vorstellung und öffentlicher Meinung. Wir werden im Leben häufig festellen müssen, dass die Gesellschaft als Gesamtphänomen nicht wertschätzt, was für uns persönlich bedeutsam ist. Nicht der treue Familienvater ist hier das angesagte Vorbild, oder der Typ, der eine liebevoll geführte Autowerkstatt betreibt. Nein, nein, die richtig tollen Hechte sind glamouröse Karrieretypen, denen scheinbar die Welt zu Füßen liegt. Die gesellschaftliche Definition und damit die Definition anderer darf man als Maßstab für persönlichen Erfolg durchaus ignorieren.

Sich mit dem, was man tut, erfolgreich zu fühlen, ist jedoch wichtig. Wir alle suchen Anerkennung und brauchen Bestätigung. Der Versuch, auf jedem Gebiet gleichermaßen erfolgreich zu sein, ist relativ ambitioniert. Irgendein Bereich des Lebens wird in letzter Konsequenz immer unter dem Erfolg des anderen Bereiches leiden. Daher ist es klug, das Gebiet, auf dem man erfolgreich sein möchte, genau zu bestimmen. Ist man beispielsweise im »falschen« Bereich erfolgreich, wird man sich trotzdem nicht so fühlen! Ich zum Beispiel wurde in meiner Bürokarriere ständig für meine Erfolge gelobt, und selbst diejenigen, die überhaupt keine Ahnung hatten, was ich eigentlich tat, waren von meinem »Erfolg« enorm beeindruckt. Ständig musste ich richtigstellen, dass ich überhaupt nicht erfolgreich war und, trotz kryptischem Titel und Zugehörigkeit zu einem modernen Unternehmen, keineswegs besonders zu beneiden. Alles vergebens, das Bild von Erfolg und Karriere manifestiert sich bei vielen über Gehalt und Position. Meine Außenwirkung stimmte nicht mit meinen Gefühl überein. Ich fühlte mich dort nicht erfolgreich, weil mein Verständnis für Erfolg eben ein völlig anderes ist.

Erfolg sollte eine Frage der persönlichen Haltung sein.

Erfolg könnte bedeuten, positiven Einfluss auf die Dinge nehmen zu können, die einem die Welt bedeuten. Erfolgreich ist, wer an Dingen arbeitet, die ihn tief bewegen.

Frage dich: Fühle ich mich erfolgreich, wenn ich von der Gesellschaft gespiegelt bekomme, dass ich erfolgreich bin? Oder fühle ich mich erfolgreich, wenn ich unabhängig bin und ich selbst sein kann?

Was bei dieser Frage ungemein hilft, ist das Formulieren von Prinzipien. Anders als gesellschaftliche Normen, die einfach so da sind und sich über Jahrzehnte durch Erziehung und Anpassung in unseren Köpfen betoniert haben, sind Prinzipien Richtlinien, die unsere eigenen Überzeugungen und Werte ausdrücken. Prinzipien helfen dabei, authentisch und konsequent zu sein. Die Menschen, die uns am meisten inspirieren, haben auch starke Prinzipien. Sie arbeiten nicht in irgendeinem beliebigen Job, sie folgen ihrer Berufung und arbeiten *beherzt* an Dingen, die ihnen persönlich wichtig sind. Letzlich ist es das, was wirklichen Erfolg ausmacht. Erfolgreiche Menschen kennen ihr Glück, sind ihre eigenen Sinnstifter und warten nicht darauf, dass jemand anders ihnen Erfolg zuspricht.

In welchen Situationen hast du dich bisher erfolgreich gefühlt? Wenn das Unternehmen, in dem du arbeitest, Gewinne erwirtschaftet? Vielleicht bei einer Gehaltserhöhung oder wenn du einen schicken Titel führen darfst? Oder wenn deine Fähigkeiten individuell wahrgenommen werden und deine Arbeit einen Unterschied im Leben anderer macht?

Welche Art von Bestätigung bedeutet für dich Erfolg? Das für sich beantworten zu können, ist ein großer Schritt in Richtung Unabhängigkeit. Erfolg hat nichts damit zu tun, was du hast, sondern damit, wer du bist.

SUCCESS
IS NOT
WHAT YOU HAVE

IT'S
WHO YOU ARE

»YOU ARE WHAT YOU DO«
DU BIST, WAS DU TUST

Reden ist Silber, Machen ist Gold

»Action expresses priorities.«
– Mahatma Gandhi

Die Behauptung »Du bist, was du tust«, ist aus zweierlei Hinsicht interessant: Zum einen, weil sie darauf hinweist, dass wir dort, wo wir angekommen sind, nicht ohne Grund sind. Denn in unserem Handeln ist erkennbar, welchem Imperativ und welchen Prioritäten unser Leben folgt. Zum anderen »veraten« wir uns durch unsere Wahl, einen bestimmten Weg eingeschlagen zu haben. Unser Lebensstil drückt aus, wie bewusst wir uns unserer selbst sind, unsere Arbeit drückt aus, ob wir es schaffen, unser Weltbild mit uns selbst in Einklang zu bringen.

Es sind die Entscheidungen, die wir in unserem Leben treffen, die unseren Standort bestimmen. Entscheidungen, die unser Leben lenken, mögen manchmal aus Unwissenheit, Angst oder Planlosigkeit entstehen – wer trifft in seinem Leben schon ausnahmslos exzellente Entscheidungen? Und haben nicht alle irgendwo im Hinterkopf, dass sie eigentlich etwas ganz anderes tun müssten, irgendetwas, das sie lieben? Dass sie endlich irgendeine Passion entwickeln und dann den ganz großen Wurf machen müssten? Leider bleibt es oft bei dieser Feststellung. Und in der Zwischenzeit machen sie eben doch etwas ganz anderes.

Aber nur das, was man wirklich umsetzt, und nicht etwa das, was man vorhat zu tun oder irgendwann tun sollte oder gerne tun würde, kann die realen Lebensumstände bestimmen. Jedes Handeln führt zu einer Veränderung der unmittelbaren Lebensumstände. Nur Handlungen haben Konsequenzen. Ich höre immer wieder Leute sagen: »Ich könnte auch ein Café aufmachen« oder »Ich könnte auch ein Buch schreiben«, »Ich könnte auch eine Firma gründen« oder »Ich könnte eine viel bessere Software entwickeln«. Keine große Sache. Aber sie tun es nicht.

Das ist der Unterschied. Man ist entweder »Schwätzer« oder »Macher«, ängstlich oder entschlossen. Jeder scheint einen eigenen *Harry Potter*, ein hollywoodreifes Drehbuch, Top-Ten-Album oder bombiges Start-up irgendwo tief im Inneren zu haben, aber die wenigsten fühlen sich wirklich zuständig, diese Projekte je umzusetzen.

Nehmen wir an, du träumst davon, Koch zu sein. Beschäftigst du dich wirklich viel mit Lebensmitteln und Gerichten? Freust du dich darauf, auf Märkte zu gehen und dich mit Nahrungsmitteln auseinanderzusetzen? Spinnst du eigene Rezepte und vergisst die Zeit, wenn du am Herd stehst und kochst? Wenn ja, was hält dich auf? Erforsche unkonventionelle Möglichkeiten und schöpfe sie aus! Starte einen Blog, lade zu Dinner-Events ein, auf denen du für Fremde und Freunde das Essen zauberst. Koche für alle, die du kennst, schreib ein Kochbuch und professionalisiere deine Leidenschaft. Wenn du Koch sein willst, dann brauchst du erstmal kein Restaurant zu eröffnen. Es genügt ein Internetanschluss, um anzufangen. Nutze Online-Plattformen wie Kitchensurfing (www.kitchensurfing.com/de/berlin), um dich zu vernetzen und dein Angebot sichtbar zu machen.

Wenn das alles nicht dein Fall ist, dann frage dich, ob du wirklich Koch sein willst oder vielleicht einfach nur gern isst! Ist deine Angst zu scheitern zu groß? Willst du kochen oder willst du Jamie Oliver sein? Worauf es ankommt, ist: Wenn du wirklich gerne kochst, dann kochst du bereits. Und dann lässt sich auch mehr daraus machen. Diese Tatsache kann auf beliebige Tätigkeiten und Vorhaben übertragen werden. Du bist, was du tust. Aber wirst du dir damit gerecht? Was verrät deine gegenwärtige Situation über dich?

YOUR WORK
is your message
TO the WORLD.
★ make sure ★
IT'S INSPIRING.

»Tu, was du liebst« – ein Missverständnis

> »Der einzige Weg, großartige Arbeit zu tun,
> ist zu lieben, was man tut.«
> – Steve Jobs

Um irgendetwas sehr gut zu machen, muss man es gern machen. Dies ist keine Neuigkeit. Steve Jobs hat das angeblich gesagt, und Programmiererlegende Paul Graham schrieb schon 2006 einen aufschlussreichen Essay darüber, wie man tut, was man liebt, und wies darauf hin, dass dies gar nicht so unkompliziert sei.[11] Viele andere Unternehmer, Autoren, Coaches, professionelle Abenteurer und Leute, bei denen es momentan gut läuft, stimmen mit ein und raten: »Tu, was du liebst!« Wirkliche Tragweite aber hat die Forderung: »Liebe, was du tust«!

Die meisten Menschen lieben Tätigkeiten, die in erster Linie nichts mit Arbeit zu tun haben. Den Anspruch »Tu, was du liebst« auf die Arbeit zu übertragen, ist daher für viele zu Recht etwas verwirrend und unrealistisch. Sie meinen, wenn sie nur noch täten, was sie lieben, dann würden sie nie mehr arbeiten. Der Tipp »Tu was du liebst« ist relativ nebulös. Schlüssiger ist der Ratschlag »Liebe, was du tust«, denn darin steckt die bewusste Entscheidung für eine Tätigkeit, in der man aufgeht. Wie wichtig es ist, seinem Tun Bedeutung zu geben, wurde schon im Kapitel *Her mit dem schönen Leben* deutlich. Bedeutung allein reicht für ein zufriedenes Arbeiten aber nicht aus. An bedeutungsschweren Aufgaben kann man auch verzweifeln. Was dazu kommen muss, ist das richtige Maß an Hingabe für die Tätigkeit.

Was sich der Logik der Wirtschaft natürlich vollkommen entzieht, ist das menschliche Gefühl der Liebe. Ökonomie baut auf die Maximierung von Gewinnen und Nutzen. Aber wirklich zu lieben, was man tut, geht weit über den praktischen Nutzen, den man aus der Tätigkeit ziehen kann, hinaus. Man tut es aus purer Freude, nicht weil man in erster Linie hofft, es brächte einen materiellen Nutzen, der auch noch maximierbar wäre. Aber die Logik der Wirtschaft ist: Was sich verkauft, hat seinen Sinn erfüllt.

Der Mensch aber verkommt ohne Sinn. Er hat das Bedürfnis, einen Sinn auch in der von ihm ausgeübten Tätigkeit zu empfinden. Sinnhaftigkeit und Nutzen sind vollkommen verschiedene Dinge. Sinn geben wir den Dingen selbst, Nutzen haben sie oder nicht. Etwas nüchtern betrachtet vollkommen Nutzloses, wie zum Beispiel das Wellenreiten, kann für den Surfer von höchster Sinnhaftigkeit sein. Tätigkeiten, die uns selbst lebendiger machen, sind aus ökonomischer Sicht häufig nutzlos. Man könnte daher glauben, mit Wellenreiten ließe sich kein Geld verdienen. Wenn es dem Surfer nun aber gelingt, Sinnhaftigkeit und Nutzen zu kombinieren, stehen seine Chancen gut, doch auch davon leben zu können. Zum Beispiel, indem er wie Mickey Smith atemberaubende Dokumentarfilme über das Wellenreiten und die Ozeane macht.[12] Oder indem er eine Surfschule eröffnet oder neues Equipment entwickelt.

Arbeit zu finden, die man wirklich liebt, ist nicht so einfach. Selten bringt die bloße Ausübung einer geliebten Tätigkeit ein tragfähiges Geschäftsmodell mit sich. Außerdem kann man nicht alle Aspekte seiner Arbeit lieben. Manchmal muss man auch etwas tun, das nicht unmittelbar im Kern des eigenen Lebenszieles steht. Dazu gehören eben auch die wenig spektakulären Routinetätigkeiten. Auch ein von Idealismus getragenes Unternehmen muss eine Steuererklärung erledigen, und auch für das fantasievollste Kunstwerk muss irgendjemand in den Laden laufen und neue Farbe besorgen. Jede Arbeit hat auch unpopuläre Aspekte, die dazu gehören, um das »Große Ganze« lebendig zu machen.

Um sich Arbeit zu gestalten, die mit dem Treibstoff Liebe läuft, muss man anfangs nicht unbedingt wissen, *was* genau man tun möchte, aber auf jeden Fall, *warum* man es tun möchte. Dies gilt übrigens nicht nur für die Wahl eines bestimmten Berufes, sondern insbesondere für eine mögliche Unternehmensgründung. Eine Selbstständigkeit, die nicht auf einer persönlichen Philosophie aufgebaut ist und nicht zum Grundsatz hat, Werte zu schaffen, wird weder für den Macher noch für die Welt etwas Besonderes sein. Ein gelungenes Unternehmen basiert auf Bedeutung, genauso wie ein gelungenes Leben.

In der Praxis heißt das: Fang an, Arbeit auszuüben, die deinen Sinn erfüllt. Ein paar große Worte, die tatsächlich für jeden umsetzbar sind. Sei mutig genug, deine Arbeit nicht als Job, sondern als Plattform für all das zu sehen, was du in deinem Leben schaffen möchtest. Die eigene, tägliche Arbeit ist eine Investition in die eigene Zukunft, die persönliche Entwicklung und vor allem in das Leben, das man führen möchte.

Und so lässt sich nicht nur tägliche Arbeit gestalten, die Freude macht, sondern ein gesamtes Lebenswerk. Das ist es, was es wirklich bedeutet, zu tun, was man liebt.

Anspruch und Wirklichkeit

>*»Arbeit ist sichtbar gemachte Liebe.«*
>*– Khalil Gibran*

Kann ich wirklich tun, was ich liebe? Diese Frage stellt sich jeder, der das gegenwärtig nicht tut. Aber wie kommt man überhaupt darauf, dass es unmöglich sei? Es gibt zwei gängige Ansichten, die den Horizont der Möglichkeiten einschränken: 1. Ich schließe es für mich selbst aus und 2. Ich schließe es für andere aus:

1. Ich sehe nicht mich selbst, sondern andere in der Verantwortung, die Voraussetzungen dafür zu schaffen, dass ich tun kann, was ich gerne tun würde. Schuld an dem gegenwärtig unbefriedigenden Zustand sind die Umstände, die Verpflichtungen, die eigenen Kinder oder der Kontostand. Solange eine Lösung eigener Probleme und individueller Umstände allerdings auschließlich von anderen verlangt wird, wird man sie nicht finden. Wer es ernst meint mit sich und seiner Traumarbeit, der kommt nicht darum herum, sich selbst zu »beauftragen« und einen Weg zu finden, den gewünschten Tätigkeiten nachzugehen. Und zwar indem er sich darauf konzentriert, was trotz der Umstände machbar ist, anstatt bei den Problemen stehen zu bleiben.

2. Es gibt die Ansicht: Irgendjemand muss doch aber die Arbeit machen, die für mich selbst nicht infrage kommt. Denn es stimmt natürlich: Solange Menschen sich und einander ausbeuten und sich immer jemand findet, der auch miese Bezahlung und schlechte Bedingungen in Kauf nimmt, wird es immer Arbeit geben, die niemand lieben kann. Aber stehen wir diesen Realitäten alternativlos gegenüber? Keineswegs! Ein Umdenken muss jedoch auch in dieser Frage bei jedem selbst beginnen. In letzter Konsequenz müsste jeder selbst mithelfen, die Zustände herzustellen, die er selbst gerne vorfinden möchte. Jeder ist zwar gegen atypische

Arbeitszeiten, miese Löhne und Ausbeutung der Arbeiter, gleichzeitig möchte jeder aber Serviceleistungen zu jeder Zeit in Anspruch nehmen. Der Verzicht auf bestimmte Dienstleistungen scheint für viele unvorstellbar. Irgendwer muss die Toiletten sauber halten, irgendwer muss das Büro sauber machen, irgendwer muss irgendetwas machen, damit ich es nicht selbst machen muss. Und dieser Jemand kann sich dann eben nicht verwirklichen. Und eine andere Welt können wir uns nicht vorstellen? Obwohl wir in einer Zeit leben, in der es möglich ist, viele Arbeitsgänge zu automatisieren und sie dank technischem Fortschritt angenehmer zu gestalten, übersteigt es unsere Vorstellungskraft, jedem das Recht auf Selbstverwirklichung einzuräumen. Wer sich nicht vorstellen kann, dass die Welt sich auch weiterdreht, wenn Menschen konsequent Arbeit wählen, die ihnen etwas gibt, dem fehlen ganz einfach die Fantasie und das Interesse für eine Weiterentwicklung. Zudem sieht er sich nicht selbst in der Verantwortung, dass ein Service, den er selbst selbstverständlich in Anspruch nehmen möchte, weiterhin angeboten werden kann, ohne dass andere in ihrer Freiheit, sich beruflich zu entfalten, eingeschränkt werden. Tatsächlich aber darf man niemandem das Recht auf Selbstverwirklichung verweigern. Auch nicht gedanklich. Vorsicht also bei der Überzeugung, nicht jeder könne tun, was er liebt. Lieber sollten wir Menschen beflügeln und fest an ihre Möglichkeiten glauben, anstatt eine Entwicklung leichtfertig auszuschließen. Solltest du nicht zu den Menschen gehören, die andere an ihre großartigen Möglichkeiten erinnern, dann frage dich ernsthaft: Warum in aller Welt nicht? Vielleicht kann man niemanden tatsächlich motivieren, aber man kann definitiv aufhören, andere zu demotivieren.

Klar, heute wollen alle authentisch, möglichst emanzipiert und selbstbestimmt unterwegs sein und sich dabei nur noch damit beschäftigen, was sie gerne tun. Doch man muss schon ein sehr gutgläubiger Sozialromantiker sein, um wirklich zu glauben, tolle Arbeit sei für alle einfach so da. Nein, man muss sich den Weg dahin selbst bahnen.

Etwas zu hassen ist einfach. Und es ist gleichzeitig eine sehr kontraproduktive Haltung. Aber zu lieben, was man tut, sich vollkommen einer Sache zu verpflichten und sie wertzuschätzen, das bedeutet immer auch, die Bereitschaft zu haben, für eine positive Entwicklung zu arbeiten. Zu lieben, was man tut, ist eine selbstbestimmte Entscheidung, die jeder jederzeit treffen kann. Die Lebensarbeit zu gestalten ist häufig ein persönlicher Mount Everest, und solange man schicksalsergeben Konventionen akzeptiert, wird man es sich selbst unmöglich machen, ihn zu erklimmen. Eigeninitiative und eine gehörige Portion Idealismus sind für die Gestaltung der Arbeit, die man lieben kann, unbedingt erforderlich. Dort, wo Menschen sich mit ihrer Tätigkeit stark identifizieren können, wo aus Interesse an Inhalten gearbeitet wird, sind die Menschen auch glücklich mit ihrer Arbeit. Und diese Menschen sind nicht nur in den hohen Gehaltsstrukturen zu finden, sondern besonders auch in praktischen Berufen, zum Beispiel in der Landwirtschaft oder bei Tierpflegern, Buchhändlern oder Hebammen und bei jedem, der einen engen Bezug zu seiner täglichen Aufgabe hat.

Das Argument, die ganze Wirtschaft würde zusammenbrechen, wenn jeder nur noch Arbeit macht, die ihm gefällt, ist reine Selbstentlarvung jener, die zwar an das System, nicht aber an den Menschen glauben. Jede Gesellschaft muss mit Ungleichheit auskommen, aber niemand ist zu seinem Unglück verpflichtet. Anstatt auf die große Alternativlosigkeit zu schwören, sollte man immer überzeugt sein von den vielen Möglichkeiten, die man hat. Absolute Chancengleichheit gibt es vielleicht nicht. Aber es geht auch nicht darum, das Gleiche erreichen zu können wie irgendjemand anders. Es geht darum, die Chance zu haben, das erreichen zu können, was man selbst möchte.

WHERE IS YOUR FIRE?

Den Anspruch zu haben, nach persönlicher Präferenz zu arbeiten, ist unser gutes Recht. Ihn Wirklichkeit werden zu lassen, liegt bei jedem selbst. Niemand kann uns die Entscheidung, es zu tun, abnehmen. Nicht nur das Beginnen, auch das Durchhalten wird belohnt. Solange wir selbst nicht aktiv werden, ist der Wunsch nicht stark oder der Leidensdruck nicht hoch genug. Das ist eben auch Teil der Wirklichkeit.

MONEY IS OVERRATED

Lass Geld nicht deine Welt regieren

»Tu, was du liebst« ist kein Karriereratschlag. Als Karrieretipp ist dies in dieser Formlierung genauso unbrauchbar wie mit dem Zusatz »...und das Geld wird dir hinterherfliegen«. Bei einer Karriere im klassischen Sinne wird grundsätzlich etwas anderes von uns erwartet und sie bietet auch andere Gratifikationen als die Arbeit, die wir uns selbst entworfen haben. Bei der »selbsterfundenen« Arbeit geht es eher darum, das Leben zu seinen eigenen Bedingungen aufzubauen und es zu *ergründen*. Die Entscheidung, zu tun, was man liebt, ist nie Ausdruck einer klassischen Karriereplanung. Sie ist Ausdruck einer stimmigen Lebensplanung.

Hätten wir so etwas wie das »BGE«, also das sogenannte »bedingungslose Grundeinkommen«, wäre die Entscheidung für eine neue Einstellung zu unserer Arbeit sicher eine Leichtigkeit. Tatsächlich aber ist auch das Vertrauen auf ein bedingungsloses Grundeinkommen eine Rückversicherung, die wir nicht brauchen, um jetzt schon ein neues Verständnis von Arbeit zu leben. Der Ruf nach solchen Konzepten zeigt nur, wie stark unser Bedürfnis nach garantierter Versorgung und wie groß die Angst vor sozialem Abstieg in Deutschland ist. Damit sich für uns selbst etwas verändert, ist es aber wichtig, jetzt an die Arbeit zu gehen und unser Schaffen eben nicht von fremden Sicherheitsversprechen abhängig zu machen.

Als grundsätzliche Motivation für Arbeit ist Gelderwerb nicht ausreichend. Denn Geld ist inhaltslos. Wäre es nicht so, gäbe es auf der Welt keine überbezahlten und trotzdem unglücklichen Manager. Wer sich bei der Arbeit leer fühlt, sollte zunächst einmal sein Verhältnis zum Geld überdenken. Die Einschätzung und Wertigkeit von Geld ändert sich mit dem neuen Verständnis, was Arbeit eigentlich ausmacht. Der Satz »Ich arbeite, um mir kaufen zu können, was mich glücklich macht«, gilt so nicht mehr. Die Anhäufung von Geld ist nicht länger Lebenszweck, Geld ist vielmehr ein notwendiges Gestaltungsmittel.

Da man nur unabhängig ist, wenn man sich selbst finanzieren kann und in seiner Gestaltungsfreiheit nicht eingeschränkt ist, ist es selbstverständlich wichtig, Geld zu verdienen mit dem, was man tut. Nur beschäftigt man sich nicht mehr damit, Glück kaufen zu wollen, sondern damit, es zu gestalten.

Tatsächlich brauchst du viel weniger, als du denkst, um in ein neues Bewusstsein aufzubrechen. Die Simplifizierung des eigenen Lebens und damit Fokussierung auf die Bereiche, die wirklich von Bedeutung sind, stehen in engem Zusammenhang damit, authentische Arbeit leisten zu können.

Die große Angst, den eigenen Lebensunterhalt nicht bestreiten zu können, ist häufig gekoppelt an einen Mangel an Selbstvertrauen und eigenen Ideen. Sie verstärkt sich, wenn tatsächlich zunächst die Gewinne ausbleiben. Eine Situation, in der niemand locker bleibt. Die gewonnene Freiheit verwandelt sich in das Monster der nackten Existenzangst. Die meisten Leute, die ich kennengelernt habe, wollen mit ihrer geliebten Arbeit überhaupt nicht reich werden, sondern einfach in der Lage sein, ihre Lebenshaltungskosten zu decken, ohne sich ständig von Geldsorgen bedroht fühlen zu müssen. Wenn schon einige etablierte Jobs das kaum gewährleisten, wie soll es dann gehen, wenn man sich selbst einen ausgedacht hat? Zukunftsängste sind wohl der häufigste Grund, warum wir uns gegen unkonventionelle Lebenswege entscheiden. Und dabei sollte selbstbestimmte Arbeit gerade die Befreiung aus diesen Ängsten sein, und nicht deren Anlass.

Man kann sich aus solchen Ängsten befreien, und zwar Schritt für Schritt. Anstatt auf die Angst sollte man sich zunächst auf die Freude konzentrieren. Freude an der Arbeit zu haben ist kein Indiz für ein Hobby, sondern eine Art zu leben. Wenn man sich für einen Moment von der Dominanz des finanziellen Aspekts frei macht, sieht man, worauf es wirklich ankommt. Geld gibt es überall; aber nicht überall, wo es Geld gibt, findet man sich wieder.

Als Denkübung lohnt sich folgender Grundsatz: Jede neue Herausforderung macht das Leben reicher. Denn Reichtum ist, was wir dazu erklären! Erfahrungsreichtum, Freundschaft, Abenteuer, Liebe – jeder kann seinen eigenen Maßstab für ein individuell reiches Leben setzen. Welche Reichtümer dich wirklich reicher machen, musst du für dich selbst erkennen. Stell doch einmal etwas auf die Beine, aber nicht des Geldes wegen.

Um unabhängig zu leben, brauchen wir Geld. Fakt ist aber auch: Kein Geld der Welt kann uns für die Zeit entschädigen, die wir abseits von dem verbringen müssen, das wir lieben.

Was ist eher zu ertragen: das Unbehagen, neue Wege zu gehen, oder das Unbehagen, mit der Enttäuschung zu leben, sich selbst nicht gerecht geworden zu sein?

Life is short
Profess your Love!

Warum eine Überzeugung zu haben unabhängig macht

Etwas zu finden, das man gerne tut, ist für viele kein Problem. Eine berechtigte Frage ist, wie es möglich sein soll, gleichzeitig davon zu leben. Die einfachste Lösung, um für die eigene Arbeit regelmäßig Geld überwiesen zu bekommen, ist für viele immer noch die abhängige Beschäftigung. Wer etwas anderes will, muss sich Gedanken machen, wie er seinen Lebensunterhalt verdienen möchte. Wer unabhängig sein will, sollte sich zunächst fragen: Wie kann ich der Welt mit dem, was ich tun will, am besten einen Dienst erweisen? Denn nur so schafft man Werte, die für einen selbst und für andere relevant sind. Wer Werte schafft mit seiner Arbeit, der hat auch etwas anzubieten, das nachhaltig ist.

Im besten Fall werden die eigenen Leistungen vom Markt honoriert und die selbstgewählte Arbeit erzeugt eine Nachfrage. Aber was ist, wenn niemand nachfragt? Auch dann ist der Traum so schnell nicht ausgeträumt. Der Fehler liegt möglicherweise in der eigenen Denkweise. Kaum hat man sich aus fremdbestimmten Arbeitsverhältnissen befreit, sieht man sich schnell neuen Zwängen gegenüber. Die passive Auftragslogik ist das neue Gefängnis, in das man hineinspaziert ist. Neben dem Erwerbszwang diktiert nun auch noch der Marktzwang die Arbeit. Und schon fühlt man sich wieder abhängig davon, dass irgendjemand beginnt, uns eine Arbeit vorzuschreiben. Und zwar zu seinen Bedingungen und nach seinen Vorstellungen. Wer meint, irgendetwas im Angebot zu haben und auf Anfragen zu warten sei schon ausreichend, konzentriert sich zu sehr auf das, »was« er verkaufen will, und zu wenig darauf, »warum« er es tun will.

Wer es versteht, seine Überzeugung in sein Angebot zu integrieren, hat die Möglichkeit, eine Nachfrage nach genau dem, was er anbieten möchte, zu erzeugen. Es kommt darauf an, den Menschen genau zu zeigen, welchen Wert und welche Möglichkeiten das eigene Angebot in ihr Leben bringt, damit sie sehen können, warum ihnen fehlt, was wir für sie tun können. Selbstverständlich lässt sich auch über idealistische Projekte die finanzielle Unabhängigkeit erreichen. Wie Simon Sinek in seinem Ted Talk »How great Leaders inspire action« konstatiert: »People don't buy what you do; they buy why you do it. And what you do simply proves what you believe.«[13]

Um etwas anzubieten, das Bedeutung hat, muss man sich fragen: Welche Veränderung möchte ich im Leben anderer bewirken? Ich zum Beispiel möchte kreatives Unternehmertum und einen neuen, unternehmerischen Arbeitsbegriff leben und inspirieren. Alle meine Unternehmen haben diesen Wunsch nach Weiterentwicklung als Fundament. Was ich tue, gleicht dem, was viele andere Unternehmer tun. Warum ich tue was ich tue, ist mir jedoch eigen. In all meiner Arbeit und meinen Produkten steckt meine Überzeugung. Wer etwas bei mir kauft, wird dadurch automatisch eingeladen, seine eigenen Möglichkeiten zu entdecken und sich dazu selbst Gedanken zu machen.

Sich bestehender Nachfrage vollkommen anzupassen, bedeutet nichts anderes als ein Zurückrudern in Abhängigkeiten und Arbeit, die erschöpft, anstatt zu bereichern. Dies zu erkennen erfordert ein grundsätzliches Umdenken und eine neue unternehmerische Haltung. Eine Haltung, die nichts damit zu tun hat, sich dem Markt anzubiedern, sondern damit, eigene Angebote zu schaffen.

Es gilt, seine Dienste auf die richtige Art und Weise anzubieten. Wir müssen uns von dem Anspruch verabschieden, es jedem Recht machen zu wollen, und stattdessen Menschen ansprechen, die unsere Überzeugung teilen wollen. Dazu ist es wichtig, sich auf eine wirklich bedeutungsvolle Idee, die am Herzen liegt, zu konzentrieren und dabei seine Nische perfekt auszugestalten.

Achtung, jetzt kommt eine Binsenweisheit: Für alles gibt es einen Markt. Also auch für jede Persönlichkeit und jede Idee, für jedes Produkt gibt es einen Rahmen, der individuell tragfähig sein kann. Wie US-Cartoonist und Blogger Hugh MacLeod es ausdrückt: »Der Markt der Dinge, an die man glauben kann, ist unendlich groß.«[14]

Um etwas zu tun, das wir gut und richtig finden, dürfen wir nicht darauf warten, dass irgendwer uns einen passenden Job schafft. Wer tun will, was er liebt, kann jederzeit an diese Arbeit gehen! Ich habe mich schon lange von der Idee des einen »Jobs«, der als monopolistische Instanz das Leben finanziert, verabschiedet. Um Geld zu verdienen braucht man keinen Job.

Was man braucht, sind eine Überzeugung und ein Service oder ein Produkt, welche man konsequent umsetzt und verbessert. Etwas, das es anderen Menschen *wert* ist, ihr Geld dafür auszugeben.

Ich habe gelernt, um mein Leben finanzieren, aber auch meine Ideen weiter umsetzen können, muss ich mit meiner Arbeit einen – wenn auch kleinen – Unterschied im Leben anderer bewirken. Meine Arbeit muss direkt oder indirekt auch ihre Lebensqualität erhöhen. In einer verwöhnten Konsumgesellschaft hört sich das schwer umsetzbar an. Tatsächlich muss man sich aber nur daran erinnern, was einem selbst lieb und teuer ist. Es muss einem selbst so viel bedeuten, dass es auch anderen lieb und teuer wird.

Billig zu sein macht unser Angebot vielleicht wettbewerbsfähig, aber nicht besonders. Was konkret zählt, ist der Wertebeitrag! Der geschaffene Wert ist dabei durchaus subjektiv. Natürlich ist strittig, welchen Wert zum Beispiel die hundertste Foto-Sharing-App für die Gesellschaft bringt. Aber tatsächlich geht es um den Wert, den Menschen in den Dingen, die wir anzubieten haben, wahrnehmen und in sie hineininterpretieren. Dieser subjektiv wahrgenommene Wert wird direkt belohnt, also müssen wir diesen Wert steigern, um erfolgreich zu bleiben.

Wer sich mit seinem Angebot etablieren will, muss einen Mehrwert schaffen, den man mit Geld nicht kaufen kann. Inspiration ist unbezahlbar, Zeit ist unbezahlbar und Zugehörigkeit ebenso. Je nachdem, was man tun will, sollte man zumindest einen der folgenden Punkte beachten, am besten alle drei!

- Biete relevante Information (man erfährt oder lernt etwas, das für den eigenen Alltag interessant ist und neue Möglichkeiten eröffnet).

- Biete ein positives Erlebnis (man erwirbt Zeit, die als gewonnene Zeit empfunden wird, oder nutzt Zeit effektiver, wenn man sich mit dem Produkt/Service beschäftigt).

- Biete Zugehörigkeit (man nimmt sich als Teil eines Gefühls oder einer Gemeinschaft wahr, was durch das Produkt/den Service erzeugt wird)

Jeder ist selbst auch immer wieder Kunde. Dann stellt man fest, dass alle Lieblingsprodukte, die man in sein Leben integriert und nicht mehr missen möchte, auch wenigstens einen der oben genannten Mehrwerte bieten. Was für die Produkte, die man selbst gern benutzt, wahr ist, funktioniert auch für das eigene Angebot.

Um Unabhängigkeit zu erlangen und gleichzeitig etwas von persönlicher Bedeutung zu schaffen, muss unsere Arbeit unsere Überzeugung widerspiegeln und unser Kunde davon profitieren. Und zwar indem er lernen kann, welche Möglichkeiten diese Überzeugung in sein Leben bringen wird. Diese Fesstellung greift übrigens auch im Angestelltenverhältnis. Auch ein Arbeitgeber oder Vorgesetzter ist in gewisser Weise ein Kunde, der unsere Leistung nachfragt. Ob in der Würstchenbude, dem Online-Start-up oder dem Friseursalon: Jeder, der etwas anzubieten hat, kann mehr als nur ein Produkt oder eine Dienstleistung verkaufen. Was man wirklich anbieten sollte, ist das Ergebnis der eigenen Überzeugung! Es reicht nicht, einfach etwas verkaufen zu wollen. Man muss etwas verändern wollen. Und das ist keineswegs nur für typisch kreative Berufsgruppen oder Selbstständige gültig.

Die Fragen »Was ist meine tiefe Überzeugung?« und »Welcher Mehrwert entsteht für andere, wenn ich meine Überzeugungen lebe?« darf sich jeder stellen.

PASSION PAYS WELL

(EVENTUALLY)

TEIL 2
REVOLUTION BEGINNT IM HERZEN

»If you're active it will lead to something, something you can work with«

EIN AKTIVES LEBEN ERÖFFNET DIR DIE WELT

Abenteuer ist überall

Ich verrate dir jetzt ein Geheimnis: Bildschirmarbeit fühlt sich deshalb so leer an, weil sie tatsächlich so leer ist. Die Aufgaben der modernen Bürogesellschaft sind, wenn wir ehrlich sind, oft öde und monoton. Wir sind nicht dafür gemacht, den ganzen Tag auf einen Bildschirm zu starren und nur den Computermaus-Finger zu benutzen. Das Umfeld mag uns vielleicht spiegeln, dass wir »einen tollen Job« haben. Das täuscht aber nicht darüber hinweg, dass er uns auf ein Minimum der Leistung reduziert, die wir mit Körper und Geist eigentlich zu geben imstande wären. Je reduzierter wir unsere Fähigkeiten anwenden, desto reduzierter werden sie uns vorkommen.

Die moderne Arbeitswelt macht uns zu sitzenden Büromenschen und Verwaltern. Wir haben es verlernt, Hand anzulegen und uns gedanklich und körperlich frei zu bewegen. Im Bürostuhl sitzend und an Prozesse gebunden, vergisst man leider schnell, wozu man sonst noch fähig ist. Bei mir führte es dazu, dass ich vor der grundsätzlichen Frage stand: Was begeistert mich eigentlich wirklich?

Die meisten Menschen kommen im Leben an einen Punkt, an dem sie mehr Fragen haben als Antworten. »Was bedeutet Glück? Wo ist die Liebe meines Lebens? Was soll ich nur tun? Wie soll ich anfangen? Wer soll das bezahlen?« Nachdenklichkeit ist bis zu einem gewissen Grad sehr hilfreich. Solange sie uns nicht blockiert und man nicht ewig in einer Fragestellung hängen bleibt. Denn man kann sich nun einmal nicht alles beantworten.

Natürlich kann man auch im Spiel des Lebens seine unbequemen Fragen »schieben«. So wie in jeder guten Quizshow sind sie dadurch allerdings nicht weg, sondern kommen an späterer Stelle wieder auf uns zu. Also ist es besser, den Mut zu fassen, sich seinen Fragen rechtzeitig zu stellen. Am besten ist es, seine Fragezeichen über das Sammeln von Erfahrungen aufzulösen. Das ist nicht so easy, wie es sich anhört. Ich höre ständig von Menschen, die klagen: »Ich habe keinen besonderen Traum« oder »Ich weiß nur, was ich nicht will, nicht aber, was ich will!« Gegen diese Klassiker ist das beste Mittel, loszuziehen und aktiv am Leben teilzunehmen. Das hilft übrigens in jeder Lebenssituation, in der man sich festgefahren fühlt.

DO
interesting
THINGS
and
interesting
THINGS
will happen

Durch aktives Handeln schafft man neue Umstände, mit denen man weiter umgehen kann.

Wenn alle momentan in der Theorie erkennbaren Optionen nicht wünschenswert erscheinen, nützt nur eines: raus aus der Gedankenwelt und rein in das echte Leben. Denn nur wenn man neue Einflüsse hat, kann man auch neue Gedanken denken. Tatsächlich gibt einem das Leben genug Chancen, Träume zu entwickeln. Auch der kreativste Mensch sitzt nicht einfach da und hat einen Spitzeneinfall nach dem anderen. Gute Ideen, die frischen Wind in das Leben bringen, entstehen nicht aus der Passivität, sondern während wir irgendetwas aktiv tun. Kein Mensch begegnet seiner Muse, wenn er sich nicht mit sich, seinen Mitmenschen oder seinem Umfeld auseinandersetzt.

Wenn du dich von den Umständen gelähmt fühlst, ist die schlechteste Option zu versuchen, deine Probleme rein intellektuell zu lösen. Wenn ich gewartet und bis ins Detail durchdacht hätte, was ich im Leben tun möchte, säße ich immer noch in meinem Bürostuhl und würde grübeln. »workisnotajob.«, »supercraft« oder dieses Buch wären niemals enstanden, wenn ich nicht einfach irgendwo und ohne Anspruch auf Perfektion angefangen hätte. Die Energie, die wir in Grübelei und Sabotieren von neuen Gedanken stecken, sollten wir besser in positive Aktivitäten umwandeln. Im Beginnen liegt die Chance, nicht im Grübeln. Wir alle warten immer auf die Gelegenheit des Lebens, dabei ist die Gelegenheit des Lebens *das Leben selbst*! In allem, was wir tun, steckt das Potenzial zur Entwicklung.

Der Begriff »Kairos« kommt aus dem Griechischen und bezeichnet den günstigsten Zeitpunkt der Entscheidung, den man nicht verstreichen lassen darf, damit sich das ganze Leben verändern kann.[15] Der Moment der Erleuchtung, die einmalige Gelegenheit, die Liebe des Lebens, die nie wieder kommt, wenn man nicht jetzt handelt, all das begegnet einem aber nicht zuhause auf dem Sofa. Der günstigste Moment für eine spektakuläre Veränderung zeigt sich womöglich nur, wenn man sich auf ihn vorbereitet. Und zwar indem man das Leben intensiv lebt.

Generell ist es daher äußerst wichtig, leidenschaftliches Interesse an irgendetwas zu haben. Offenheit und Begeisterungsfähigkeit für die Welt halte ich für zwei der attraktivsten Eigenschaften, die ein Mensch besitzen kann. Was uns wirklich davon abhält, an die Arbeit unseres Lebens zu gehen (von Existenzängsten und Zweifeln mal kurz abgesehen), ist, dass wir uns eine Routine zugelegt haben, die uns zwar den Tag strukturiert, aber ebenso jeden Ausbruch aus ihr unfassbar schwer macht.

Wie entkommt man nun der klebenden Monotonie? Nur indem man sich vielseitig am Leben beteiligt. Vielfältige Interessen zu haben macht uns nicht nur zu interessierten Menschen, sondern auch zu interessanten Menschen. Ein geregeltes Leben zu führen und eine Doppelhaushälfte zu besitzen macht uns nicht automatisch zu Langweilern. Langweilige Menschen werden wir, indem wir uns nicht für die Welt interessieren.

Die interessantesten Menschen sind »horizontsüchtige Abenteurer«, die ihrer Neugierde auf die Welt folgen, nicht sicherheitsorientierte Kleindenker. Je kleiner unsere Welt ist, desto mehr Dinge übersteigen unsere Vorstellungskraft.

Anstatt Erfahrungsreichtum zu vermeiden und sich in immer gleichen Bahnen zu bewegen, sollten wir dem Sammeln von Erfahrungen höchste Priorität geben. Das Leben ist ein größeres Abenteuer, als die Alltagsroutine es vermuten lässt.

Was sind deine Fragen? Was treibt dich um? Es geht nicht darum, sich alles beantworten zu können, sondern darum, aktiv die richtigen Fragen zu leben. Interessiere dich für die Welt, dann wird sie sich auch für dich interessieren.

Mach das, was du bist, zu dem, was du tust

»Die Menschen sollen nicht so viel nachdenken, was sie tun sollen, sie sollen vielmehr bedenken, was sie sind.«
– Meister Eckhart

Fragt man Kinder, was sie später einmal werden wollen, geben sie kurioserweise häufig sehr konkrete berufliche Ziele an, wie zum Beispiel Astronaut, Pilot oder vielleicht etwas allgemeiner »Geschäftsmann«. Noch nie habe ich von einem Kind gehört das sagt, es möchte für immer faul in der Sonne liegen und gar nichts tun. Folgt man den Erkenntnissen der Arbeitspsychologie, sind wir vor allem *tätige* Wesen. Der Feind des Menschen ist nicht die Arbeit, sondern die Langeweile. Wir leiden also mehr unter der Untätigkeit als unter irgendeiner Arbeit. Spätestens seitdem der Glücksforscher und Psychologe Mihaly Csíkszentmihályi den »Flow-Zustand« benannte, wissen wir, dass der Mensch besonderes Glück empfindet, wenn er aktiv ist. Und zwar, wenn er völlig in seiner Arbeit aufgeht (vgl. Csíkszentmihályi 1995).

Kinder spielen nur Spiele, zu denen sie wirklich Lust haben. Spaß macht, was eine Herausforderung darstellt. Welches Kind gibt sich schon gerne mit langweiligen Aufgaben ab oder richtet sich beim Spielen nach Vorgaben anderer?

Eine Frage, die du dir leicht beantworten kannst, ist: Was habe ich als Kind am liebsten gespielt? Die Frage, die etwas schwieriger zu beantworten ist, lautet: Warum habe ich damit aufgehört?

Glaubt man der Forschung, liegt in der Antwort darauf, was in der Kindheit unseren liebsten Zeitvertreib ausmachte, verborgen, wo unsere Talente und Interessen liegen. Sie gibt einen Hinweis darauf, was unsere charakterlichen Tendenzen und Vorlieben sind (vgl. Rath 2007). Wir kommen schließlich mit einer bestimmten charakterlichen Austattung auf die Welt und scheuen uns als Kinder nicht, unsere Persönlichkeit über unser Tun auszudrücken. Und die ist natürlich relevant für unsere spätere Berufswahl.

Was für uns als Kinder im Spiel noch selbstverständlich ist, scheinen wir als Erwachsene komplett vergessen zu haben. Das liegt wahrscheinlich in erster Linie daran, dass aus Spiel Arbeit und aus Arbeit Erwerbsarbeit wurde. Wir verlernen zu spielen und vergessen, wo unsere Leidenschaften liegen. Als Kind ist Entwicklung noch mit Freude und Entdeckungslust verbunden. Als Erwachsene macht uns alles, was neu und ungewohnt ist, erst einmal Angst.

Meine Lieblingsbeschäftigung als Kind war es zu zeichnen und zu musizieren. Übertragen auf meine heutige Arbeit kann man sagen, dass ich es schon immer geliebt habe zu gestalten und dabei den richtigen Ton zu finden. Sei es ein Lied, eine Illustration, ein Produkt oder ein Unternehmen. Auch meine Ablehnung gegenüber fremdbestimmten Strukturen zeigte sich schon früh recht deutlich. Ich war bei weitem kein rebellisches Kind, aber lief regemäßig heimlich vom Kindergarten nach Hause. Meine Begründung war, dass ich mir nicht vorschreiben lassen wollte, was ich spielen soll. Der Kindergarten war mir schlicht zu eng. Aus denselben Gründen lief ich im Prinzip auch aus dem Büro davon. Wie man sieht, hat es wenig Sinn, gegen seine Persönlichkeit zu arbeiten.

Beginne darauf zu achten, was du tust, wenn du nicht im Job bist. Wie sieht dein Leben fern der Arbeit aus? Welche Tätigkeiten fallen nicht der Ausrede »Ich würde so gerne, aber ich habe einfach keine Zeit« zum Opfer? Was machst du den ganzen Tag, und wozu *nimmst* du dir Zeit, abseits deiner Verpflichtungen? Es klingt banal, aber die augenscheinliche Frage ist tatsächlich die richtige: Was *beschäftigt* dich? Denn die ehrliche Antwort darauf gibt Aufschluss darüber, was dich tatsächlich beschäftigen sollte. Es ist alles schon da, du musst es nur etablieren! Welchen Teil in der Zeitung liest du wirklich aufmerksam, wobei vergisst du die Zeit, wann sind Nachrichten für dich interessant?

Dort, wo der Faktor Spaß mit dem Gefühl von Erfolg zu einem Erlebnis verschmilzt, ist es besonders interessant. Denn dort liegt die Arbeit, die uns leicht fällt und für die wir Talent besitzen. Wie Illustratorin und Typographie-Ikone Jessica Hische einmal treffend formulierte: »The work you do while you procrastinate is probably the work you should be doing for the rest of your life.«¹⁶ Soll heißen, die *Arbeit,* mit der du dich am liebsten ablenkst, wenn du eigentlich etwas anderes zu erledigen hättest – das ist vermutlich die richtige Arbeit für dich.

Warum nicht den Bewertungsmaßstab einmal darauf ausrichten, was Spaß macht? Anstatt die eigene Arbeit und den Output ausschließlich anhand von produktiver Leistung zu bewerten, kann man ja auch einmal anfangen, sie darüber zu bewerten, wie sehr man lieben kann, was man da tut.

> *Unsere Familie und Freunde lieben uns nicht dafür, was wir tun, sie lieben uns dafür, wer wir sind. Dies in Einklang zu bringen ist der Weg hin zu einem neuen Verständnis von Arbeit. Mach das, was du bist, zu dem, was du tust!*

WORRY LESS

⌣

Die absolute Sicherheit

»Zweifel sind unbequem, aber Gewissheit ist absurd.«
– Voltaire

Viele Umfragen ergeben immer noch, dass der »sichere Arbeitsplatz« in Deutschland die höchste Priorität hat. Dies ging zuletzt auch aus der *Global Workforce Study* der Unternehmensberatung Towers Watson hervor. »Die Sicherheit des Arbeitsplatzes ist für deutsche Arbeitnehmer aller Altersklassen das zentrale Motiv bei der Wahl ihres Arbeitgebers und sogar bedeutender als das Gehalt«, heißt es da zu den Ergebnissen.[17]

Spaß und Identifikation mit der Tätigkeit sind wohl eher Neben- beziehungsweise Glückssache. Sicherheit geht vor. Und trotzdem wollen doch alle irgendwie mehr Selbstbestimmung, weniger Monotonie und mehr Freiheit am Arbeitsplatz! Folgt man den Ansichten von Politik, Gewerkschaften und Presse, gilt nach wie vor: Der unbefristete Job ist der »bessere« Job, alle anderen Arbeitsformen begünstigen nur den Abstieg ins Prekariat.

Doch die lebenslange Festanstellung ist ein Auslaufmodell, auf das wir verzichten können. Stattdessen ist es an der Zeit, sich ausnahmsweise einmal nicht nur über seinen Arbeitzplatz, sondern über seine Arbeit selbst Gedanken zu machen! Wer in Zukunft noch ein Leben lang von ein und demselben Arbeitgeber rundum versorgt werden möchte, unterschätzt die Wichtigkeit, seine Arbeit und damit sein Leben unabhängig meistern zu können. Laut einem Bericht des statistischen Bundesamtes von 2012 nehmen befristete Arbeitsverträge seit 1991 »moderat zu«.[18] Obwohl die Arbeitsmarktbedingungen eine wirkliche Sicherheit überhaupt nicht zulassen, haben viele immer noch die alte Idealvorstellung vom Angestelltsein und stellen eigene Lebensentwürfe hinten an.

Die Hoffnung, den Wohlstand und die bürgerliche Sicherheit des Elternhauses durch den eigenen Job fortführen zu können, ist häufig ein Trugschluss. Leider macht der »gute Job« keinen Spaß, leider bringt die zehnte Versicherung keine Sicherheit, und leider hat uns das niemand gesagt. Aber ohne die konventionellen Versprechen von Planbarkeit und Sicherheit fasst selten jemand den Mut, einer Arbeit nachzugehen, die er wirklich will.

Warum fällt es Menschen so schwer, etwas loszulassen, das sie im Zweifel gar nicht wollen?

Es gibt eine objektive und eine subjektive Sicherheit. Die »gefühlte« Sicherheit manifestiert sich für viele durch einen Arbeitsvertrag. Arbeitsverträge suggerieren Sicherheit, die es nicht gibt. Die nächste große Umstrukturierung, die Gesundschrumpfung oder Einsparungen kommen bestimmt, und jeder kann beim »Change-Management« aufsteigen oder ihm zum Opfer fallen.

In meiner Zeit als Angestellte überstand ich mehrere, in kurzen Abständen aufeinanderfolgende Runden von Entlassungen. Diese waren die Folge der europäischen Rezession 2008/10, die Irland, wo ich von 2008 bis 2010 arbeitete, besonders schwer traf. Ich zog nach Irland auf der Basis eines sechsmonatigen Arbeitsvertrages mit Aussicht auf Verlängerung. Ich durfte meinen Job zwar behalten, aber kaum hatte ich meinen unbefristeten Vertrag unterschrieben, konnte ich mich schon von anderen Kollegen verabschieden. Sie wurden gekündigt, obwohl wir gerade noch alle zusammen in den Schulungen gesessen hatten. »Redundant« kann eben jeder werden. Willkommen in der Sicherheit des festen Angestelltenverhältnisses. Entlassungen gibt es nicht nur in wackeligen Start-ups oder Konkursunternehmen. Massenentlassungen gibt es durchaus auch in Unternehmen, denen es grundsätzlich nicht schlecht geht. Auf die Logik der Wirtschaft würde ich nicht vertrauen.

Die zukünftigen Realitäten lassen sich nun einmal nicht vorhersagen. Niemand kann garantieren, dass wir morgen noch einen Job haben, noch gesund sind oder unsere Freiheit genießen können. Ständig werden Menschen aus meinem Umfeld entlassen, hingehalten, versetzt oder enttäuscht von ihren Arbeitgebern und fragen dann mich, wie sie sich aus dieser Lage befreien können. Meine Antwort darauf ist: Das Leben kann man nicht hundertprozentig absichern. Der Versuch, es trotzdem zu tun, bringt nicht mehr Sicherheit, sondern im Gegenteil, wir vergegenwärtigen uns ständig unnötig Gefahren und sind in der Folge nur noch ängstlicher. Die abhängige Beschäftigung ist nicht unbedingt der sichere Hafen. Sie ist im Zweifel auch das Beruhigungsmittel, das uns die Herausforderungen des Lebens verschlafen lässt. Wenn die Gegenwart uns nicht wach hält, welcher Zukunft treiben wir dann entgegen?

Ist die eigene ökonomische Mündigkeit nicht tatsächlich eine viel beruhigendere Absicherung, als sein Schicksal in die Abhängigkeit eines fremden Arbeitgebers zu legen? Unselbstständigkeit (Abhängigkeit) ist immer das größere Risiko. Wie man sich auf dem eigenen Weg sicher fühlen und zudem ein erfolgreiches Arbeitsleben führen kann, kann man nur lernen, indem man sich auf seine Zukunft konzentriert und anfängt, sich für sich selbst verantwortlich zu fühlen. »Learning by doing« ist die beste Methode, um das eigene Können unter Realbedingungen zu erproben. Dazu kommen muss aber auch »doing by learning«, denn wer sich auf eigene Wege begibt, lernt die nächsten Schritte, während er sie geht. Um sich dabei nicht unsicher zu fühlen, hilft vor allem die praktische Kenntnis der eigenen Fähigkeiten.

An dieser Stelle möchte ich gerne betonen, dass es weder absolute Sicherheit noch vollkommene Unabhängigkeit gibt. Beides jedoch kann man sich ein großes Stück weit gestalten, etwa indem man sich am Markt ausprobiert. Sicherheit erlangen wir nämlich nicht nur durch fremde Versprechungen, sondern viel eher über eigene Erfahrungswerte. Anstatt sich zu fragen: »Was riskiere ich?«, lohnt es sich zu fragen: »Was gestalte ich? Was baue ich auf durch meinen Einsatz?« Jeder Gestaltungsschritt bringt neue Antworten und neue Informationen, ein bisschen mehr Kompetenz und ein bisschen mehr eigenes Wissen. Als Architekt des eigenen Arbeitsmodells muss man lernen, auf seine Konstruktion zu vertrauen.

Die heutigen Sozialversicherungssysteme wurden für andere Arbeits- und Lebensentwürfe geschaffen. Sie werden sich zukünftig auch an geänderte Bedingungen und neue Lebensstile anpassen lassen müssen. Das geschieht aber nur, wenn wir jetzt neue Modelle leben, anstatt uns durch veraltete Systeme einschränken zu lassen.

Mit einer unternehmerischen Grundhaltung ist man nicht nur wettbewerbsfähiger, sondern vor allem kann man über das Grundprinzip der

Chancenwahrnehmung und Eigeninitiative auch das eigene Risikobewusstsein schulen. Viele meinen, wer beruflich unkonventionelle Wege gehen will, muss eine sehr hohe Risikobereitschaft haben. Tatsächlich hatte ich nie das Gefühl, die Entscheidung, Unternehmerin zu sein, wäre irgendwie mit einem existenziellen Risiko verbunden gewesen. Was mich so sicher machte, war mein Vertrauen in die eigene Leistungsfähigkeit und die Erfahrung, Schritt für Schritt an meiner selbstgewählten Aufgabe zu wachsen.

Wer sich nicht so fühlt, als ginge er ein Risiko ein, der fühlt sich auch nicht unsicher. Wer weiß, wo seine Stärken liegen, der kann auch sein Risiko gut abschätzen. Ein Sportkletterer, der frei und ohne die Verwendung von Sicherheitsmaßnahmen steile Wände in lebensgefährlichen Höhen erklettert, ist nicht zwingend lebensmüde, sondern er vertraut auf sein Können und seine Erfahrung. Jemand, der selbst nicht gern klettert, wird frei klettern immer als verrückt und höchst waghalsig ansehen. Tatsächlich hat der erfahrene Kletterer aber ein anderes Risikobewusstsein, und genau das macht ihn am Berg sicher. Sicher wird man nicht dadurch, dass jemand einem sagt: Du bist sicher! Sondern sicher wird man durch Erlebnisse, die bestätigen, dass man sich selbst sicher sein kann.

Aus meiner Sicht gibt es kein Szenario, das sicherer wäre, als die Existenz in die *eigene* Verantwortung zu legen. Die absolute Planungssicherheit, die wir alle gern hätten, ist mir in meinem Leben noch nie begegnet. Weder als Angestellte noch als Selbstständige noch als Person. Es gibt keine Sicherheit, es gibt nur das starke Bedürfnis danach.

Um die subjektive Sicherheit zu erhöhen, ist das einzige Mittel, sich selbst zu vertrauen. Und das lernt man, wenn man reale Erfahrungen sammelt, die helfen, Risiken besser abschätzen zu können und die eigene Leistungsfähigkeit zu beurteilen. Soviel ist sicher. Alles andere nicht.

Mit der Bereitschaft, sich auszuprobieren und neue Dinge lernen zu wollen, hängt zusammen, dass man in Situationen kommt, die sich außerhalb der Komfortzone befinden. Und dort fühlt man sich alles andere als sicher! Das Überwinden der eigenen Grenzen und das mutige Konfrontieren mit Ängsten bedeutet, an einer Aufgabe zu wachsen, seinen Horizont zu erweitern und dadurch mehr Wissen und mehr Selbstvertrauen zu erlangen. Nicht die Sachen, über die man schon einmal nachgedacht hat, beherrscht man, sondern die Dinge, die man schon einmal gemacht hat!

Die Grenzen der Komfortzone sind für jeden anders gesteckt. Vielleicht bedeutet es für dich, einen Vortrag vor Publikum zu halten. Auch Preis- und Gehaltsverhandlungen sind vielen ein Graus. Am besten noch in einer Fremdsprache! Viele kündigen einen ungeliebten Job nicht, weil es gleichzeitig bedeutet, sich rauswagen zu müssen.

Aber jeder Mensch, der sich entwickeln möchte, muss seine Komfortzone verlassen. Es kann also unbequem werden. Wer frei sein möchte, muss auch zu Ende denken, was zu dieser Forderung dazu gehört. »Macher« müssen nicht nur machen, sondern auch ständig über ihren Schatten springen und sich ungewohnten Situationen stellen. Wer selbstbestimmt arbeiten möchte, muss eben tatsächlich selbst bestimmen. Und dazu gehört, dass auf viele Annehmlichkeiten eines fremdbestimmten Arbeitslebens verzichtet werden muss. Fremdbestimmt bedeutet nicht nur, von anderer Stelle vorgegeben, sondern auch: durch andere Stelle versorgt. Wünschenswert ist sicher ein Szenario, in dem man sich sowohl frei als auch sicher fühlt.

Angsfrei zu sein ist Grundvoraussetzung eines glücklichen Lebens. In Deutschland haben wir glücklicherweise kaum Grund zur Besorgnis. Wir kennen kaum ernste Nöte wie Hunger, Unterdrückung oder Bedrohung durch Krieg. Allerdings haben wir trotzdem vor allem Angst. Wir glauben zu wissen, wie das Leben funktioniert, obwohl wir es nicht praktisch und intensiv auszuprobieren, indem wir unsere Komfortzone verlassen und Veränderung und Weiterentwicklung begrüßen. Natürlich können wir daher auch nicht angsfrei darauf vertrauen, was passiert, wenn wir losziehen, um wir selbst zu sein. Man lebt entweder in einer Welt der Unmöglichkeiten oder in einer Welt des Möglichmachens – eine Wahl, die wir bewusst oder unbewusst alle für uns treffen.

Der Mut eigene Ideen umzusetzen und einen selbstbestimmten Arbeitsalltag zu gestalten ist in der heutigen Zeit trotz vielfältiger Möglichkeiten selten. Wenn nicht Freiheit, sondern Sicherheit das Wichtigste ist, hat das selbstverständlich zur Folge, dass Kreativität und Selbstverwirklichung auf der Strecke bleiben. Ein ziemlich fauler Kompromiss, wenn man bedenkt, dass entfremdete Arbeit uns nicht nur das »falsche Leben« leben lässt, sondern auch die Unabhängigkeit über das eigene berufliche Schicksal aus der Hand nimmt.

Wie viele Menschen (außer dir selbst) sind trotz »sicheren« Jobs in der Position, heute noch eine Entscheidung zu treffen, die dein gesamtes Arbeitsleben auf einen Schlag ruinieren könnte?

Wenn du morgen deinen Job verlierst, sei nicht einer von den beliebig Austauschbaren, die keine Ahnung haben, was sie selbstständig unternehmen können.

»Follow your heart or it will forever remind you that something is missing«

Folge deinem Herzen
oder es wird dich für immer
daran erinnern,
dass irgendetwas fehlt

Revolution beginnt hier → 🖤

»Folge deinem Herzen.« Sicher eine der kitschigsten Plattitüden, die es gibt. Und wie bei all diesen kitschigen Sprüchen wünschen wir uns, wenn wir ganz ehrlich sind, dass in ihnen doch ein Fünkchen tiefere Bedeutung steckt. Plattheit hin oder her – ich glaube, wir alle wissen insgeheim um unsere innere Stimme. Wir sind nur perfekt darin geworden, sie zu missachten, uns selbst zu betäuben, immer konform zu gehen und, anstatt in Richtung unserer Träume zu arbeiten, uns immer wieder selbst zu sagen, dass diese doch unrealistisch sind. Kräftige Selbstdemontage und das Einnehmen der klagenden Opferrolle sind natürlich ein komfortabler Weg, den Ist-Zustand zu betonieren.

Das Prinzip der »self-fulfilling prophecy«, also der selbsterfüllenden Prophezeiung, meint: Wenn Menschen eine bestimmte Situation als real definieren, führt das dazu, dass sie auch als real wahrgenommen wird. Wenn ich mir also immer wieder selbst sage: »Ich kann meine Umstände nicht verändern, ich bin nicht kreativ, ich habe keine Wahl« etc., wird die eigene Lebensrealität dies auch bestätigen. Die Konsequenz aus unserem Denken ist, dass wir uns entsprechend verhalten. Wir wollen uns unsere Prognose unbewusst gern selbst bestätigen. Zum Glück funktioniert das aber auch andersherum! Wenn wir uns eine Chance einräumen und an uns glauben, können wir uns dieses Prinzip auch zunutze machen.

Es führen viele Wege zum Glück. Einer davon ist, aufzuhören sich gegen es zu wehren. Denn wir können unsere innere Stimme nicht ignorieren, ohne dabei Schaden zu nehmen. Im besten Fall macht es uns nur traurig. Im schlimmsten Falle sogar krank. Das Tückische dabei ist: Selten gestehen wir uns ein, dass wir insgeheim wissen, was uns so leer und traurig macht. Selbst wenn das Leben in geordneten Bahnen verläuft, wir alles zu haben glauben, was uns glücklich machen könnte, sogar in der perfekten Beziehung stecken, wird die Verleugnung dessen, was unser Herz sagt, uns unglücklich machen. Und der Ruf des Herzens wird immer lauter. Es muss also weiter Energie investiert werden, ihn zu ersticken. Also suchen wir Ersatzbefriedigungen (ein neuer Job, ein neues Smartphone, ein neues Paar Schuhe). Bis wir feststellen: Mehr Geld und mehr Besitz füllen die

Lücke nicht, die ein belangloses Dasein reißt. Mehr zu haben lindert nur kurzfristig die Symptome. Ein Problem all jener, deren Leben und Arbeit nicht mehr Stoff bereithält, als die Zeit rumzubringen von Gehaltsabrechnung zu Gehaltsabrechnung. Jemand, der seine wahre Arbeit gefunden hat, kennt das nicht.

Was passiert, wenn die innere Leere ein Leben lang ignoriert wird? Sofern man es schafft, nicht dem Alkohol, Shopping oder sonst irgendeiner Ablenkung zu erliegen, merkt man es spätestens, wenn man irgendwann nicht mehr so erfolgreich unterwegs ist.

Am Ende der Selbstverleugnung steht oftmals Reue. Im Alter bereuen wir, dass wir in der Jugend nicht mutiger waren, das Leben nicht anders gelebt und die großen Lebensträume nicht verwirklicht haben. Die australische Palliativschwester Bronnie Ware hat ihre Erfahrungen in der Begleitung Sterbender in ihrem Buch 5 *Dinge, die Sterbende am meisten bereuen* beschrieben (Ware 2011). Am Sterbebett wird ihr zufolge am meisten bedauert:

1. »Ich wünschte, ich hätte den Mut gehabt, mir selbst treu zu bleiben, statt so zu leben, wie es andere von mir erwarten.«

2. »Ich wünschte, ich hätte nicht so viel gearbeitet.«

Die Menschen bedauern also vor allem, nach fremden Erwartungen gelebt und gearbeitet zu haben. Es ist tragisch, auf dem Sterbebett sein Leben zu bedauern und gehen zu müssen, ohne je seinen eigenen Vorstellungen von Leben und Arbeit gerecht geworden zu sein. Meine achtundachtzig Jahre alte Großmutter sagte einmal zu mir: »An irgendeiner Stelle im Leben kommt der Punkt, an dem es kippt: Wir blicken nicht mehr nach vorne, dort wo unendlich Zeit ist, alles Mögliche irgendwann noch in Angriff zu nehmen, sondern stellen fest – in der Vergangenheit liegt die größere Lebensspanne. Wir blicken nun zurück und nicht nach vorn. Und dann zählt einzig, was wir gemacht haben, und nicht, was wir gedacht, erwägt, gewusst oder geplant haben.«

IF YOU WERE WAITING
FOR A SIGN –

THIS IS IT.

Wer endlich Ja zu sich sagen möchte, der fängt am besten heute an, sich mit Dingen und Menschen zu beschäftigen, die ihm am Herzen liegen. Es ist nicht nötig, die bisherige Karrierewahl zu bereuen. Jeder eingeschlagene Weg hat neues Wissen und neue Erfahrungen gebracht, und nicht ohne Grund ist man an diesem Punkt der eigenen Entwicklung »aufgewacht«.

Jeder kennt es, verliebt zu sein. Jeder kann sich vorstellen, wie absurd es ist, sich dagegen zu wehren. Wenn dein Herz dich anruft, geh ran! Oder es wird dich für immer – und zwar auf eine Art und Weise, die du nicht erwartest, und an Orten, die du nicht mit deiner unterdrückten Sehnsucht in Verbindung bringst – daran erinnern, dass irgendetwas fehlt.

Wenn du vermeidest, die wichtigste Frage für dich selbst zu beantworten, dann wird sie jemand anders für dich beantworten. Ein fremder Arbeitgeber, eine Regierung, das System, die Umstände ... kurz: Der Alltag wird sie unmerklich für dich beantworten. Und wenn dir das Resultat daraus nicht gefällt, ist es höchste Zeit, aktiv zu werden. Jede Revolution beginnt im Herzen.

Nicht jede Information, die uns weiter bringt, muss unbedingt neu sein. Das es für ein zufriedenes Leben wichtig ist, seinem Herzen zu folgen, ist doch keine Neuigkeit! Es geht darum, zu hinterfragen, warum man sich so sehr von Wahrheiten entfernt, die man offensichtlich schon lange kennt.

Revolution starts

X Here

Love beats smarts

>»Der Vernünftige verliebt sich leicht in Systeme.
>Er ist immer geneigt, seinen Instinkten zu misstrauen.«
>– Hermann Hesse

In seinem Buch *Ich weiß nicht, was ich wollen soll* spricht Bas Kast von einer »Multioptionsgesellschaft« und meint damit die Überflussgesellschaft und ihre unbegrenzten Möglichkeiten (Kast 2012). Dass die neue Freiheit nicht jeden glücklich macht, scheint paradox. Tatsächlich bringt der selbstgestaltete Lebensentwurf aber zahlreiche Unannehmlichkeiten mit sich. Zum Beispiel die Frage: Was mache ich nun mit meiner Freiheit?

Das Leben besteht aus Entscheidungen. Wenn es darum geht zu entscheiden, was man mit seinem Leben tun will, hört man am besten auf sein Herz. Wenn es darum geht, welche Kaffeemaschine man sich anschaffen möchte, kann der Verstand im Zweifel besser helfen. Die richtigen Entscheidungen zu treffen ist eine Kunst. Besonders, wenn einem die Welt offen steht. Orientierung ist in der heutigen Zeit eine anspruchsvolle Aufgabe.

Vielen fällt es schwer, sich für einen bestimmten Weg zu entscheiden. Schließlich kann man heutzutage ja alles tun. Soll es nun die Konzernkarriere sein oder die eigene Unternehmensgründung? Soll man den Regenwald retten oder erstmal so lange es geht um die Welt reisen? Die große Vielfalt der Möglichkeiten macht es für viele nicht einfacher, sondern schwerer sich zu entscheiden. Sie schleppen den ständigen Zweifel mit sich herum, dass sie sich durch die Entscheidung, einen Weg eingeschlagen zu haben, vermutlich einen anderen Weg verbaut haben könnten. So schön die neue Freiheit ist, so überfordernd wirkt sie auf manche.

Um sich selbst besser zu verstehen, ist es hilfreich zu wissen, auf welcher Basis man selbst neigt, Entscheidungen zu treffen. Entweder mit dem Verstand oder aus Liebe. Gefühl und Intuition sind sehr zuverlässige Richtungsweiser. Leider werden sie ständig vom Verstand sabotiert. Denken hilft zwar, aber wenn man nicht weiß, was man denken soll, dann hilft nur noch fühlen, was richtig wäre. Auch die Wissenschaft bestätigt, dass bei Entscheidungen mit Tragweite Intuition der Ratio überlegen ist.[19]

Gegen kopfgesteuerte Entscheidungen ist zwar grundsätzlich nichts einzuwenden, sie bewirken allerdings selten wirkliche Veränderungen. Denn wer mit seinem Verstand entscheidet, der wägt ab, welches Risiko die Entscheidung birgt. Risiken wollen die meisten lieber vermeiden, und Veränderung ist unangenehm, wenn man bedenkt, was man alles verlieren könnte. Mit dem Verstand zu entscheiden heißt also, im Zweifel aus Angst zu entscheiden. Angst ist ein schlechter Ratgeber, aber ein guter Lehrer. Wenn man jede Lebenssituation vermeidet, die Angst macht, wird man auch nichts aus ihnen lernen können.

Bei Entscheidungen aus dem Herzen heraus vertraut man darauf, dass sie das Leben bereichern werden. Man öffnet sich für neue Möglichkeiten und lässt ein bisschen mehr von der Welt hinein. Liebe kennt keine Ablenkung, sondern nur den geraden Weg dahin, wo sie hin möchte. Entscheidungen aus Liebe verändern das Leben.

Nehmen wir zum Beispiel die Entscheidung, ein Unternehmen zu gründen. Der Verstand warnt vor hohem Arbeitspensum, finanziellem Risiko und gesellschaftlichem Scheitern. Aber das Herz gibt die Impulse für den tieferen Antrieb, sich verwirklichen zu wollen. Verstand hat Angst, Liebe ist mutig. Verstand verhindert, Liebe möchte Berge versetzen! Als ich damals workisnotajob. gründete, war ich überzeugt davon, dass meine Arbeit mehr ist als das, was mein damaliger Arbeitgeber mir abverlangte. Mein Herz sagte es mir, der Impuls war da, viel Planung war da nicht.

Die Arbeitswelt stellt uns immer wieder vor Entscheidungen. Kunden wollen etwas anderes als man anzubieten hat, Geschäftspartner verlangen etwas, zu dem man eigentlich nicht bereit ist, Chefs geben etwas in Aussicht, das verlockend ist, aber sich irgendwie nicht richtig anfühlt. Man tut sich keinen Gefallen, sich gegen sein Gefühl zu entscheiden.

Die großen Fragen des Lebens werden niemals mit dem Kopf entschieden. Das ist Aufgabe des Herzens. Nicht dieses Buch, sondern nur dein innerer Ratgeber kennt deinen Weg.

Fear can't be the driving force

Dem Herzen zu folgen macht auch Arbeit

Wer gefunden hat, *was* ihn *bewegt*, der weiß, dass eine persönliche Berufung viel mehr als irgendwelche Karriereziele bedeutet und losgelöst von materieller Wertschöpfung ist. Aber das bedeutet nicht gleichzeitig, dass man weniger zu tun hätte! Egal was es ist, dem Herzen zu folgen macht auch Arbeit! Künstler, Unternehmer und Stars werden immer wieder darauf angesprochen, warum sie nach Jahren des Erfolgs nicht endlich in den Ruhestand gehen und einfach das Leben im Reichtum genießen. Die Antwort darauf ist meistens, dass ein privilegiertes Leben vielleicht Resultat der Lebensarbeit war, jedoch nicht das maßgebliche Ziel. Ihr Schaffensdrang wirkt wie ein eingebauter Schrittmacher. Wenn man sich die Geschichten von solchen Menschen anschaut, dann haben sie alle eines gemeinsam: Ihre Arbeit ist gekennzeichnet von Gestaltungsmacht. Sie bekamen nicht etwas zu tun, sondern sie schufen sich selbst etwas, das ihnen für ein ganzes Leben genug Arbeit versprach. Sie verschwenden keine Zeit, sondern investieren ihre Lebensenergie in Dinge, an die sie glauben.

Und genau diese Haltung hilft dabei, ein Lebenswerk zu gestalten. Und nur dann kann Arbeit, trotz hohen Pensums, mehr Energie spenden als sie entzieht. Eine zynische Haltung dagegen bringt uns nirgendwo hin. Wir alle wollen an etwas glauben. Warum nicht an die eigene Lebensaufgabe?

Eine Berufung ist im Gegensatz zu deinem Job keinen äußeren Zwängen unterworfen. Sie ist unabhängig von der aktuellen Wirtschaftslage und dem Arbeitsmarkt. Seine ureigene Zuständigkeit zu kennen ist insofern von Vorteil, weil sie einem auch erhalten bleibt, wenn man in berufliche Krisenzeiten gerät. Man kann sie nicht verlieren, weil jemand anders als geeigneter befunden wird oder weil sie »wegrationalisiert« werden könnte. Man kann diese Arbeit überall tun, unabhängig von Arbeitsverhältnis und Tätigkeitsbereich. Also, hör auf dich zu sträuben und fang an, etwas zu gestalten. Was deine Arbeit ist, entscheidest du!

Wenn du an die Arbeit deines Lebens gehen willst, dann steck deine Energie nur in Dinge, an die du glaubst.

Don't be cynical, it doesn't get you anywhere

Empathie oder Apathie?

Als »Empathie« wird in der Psychologie der prosoziale Zustand beschrieben, der ausgelöst wird, wenn wir mit anderen Lebewesen mitfühlen. Je mehr wir uns in den emotionalen Zustand einer anderen Person hineinfühlen können, desto empathischer sind wir (vgl. Stroebe; Jonas; Hewstone 2003). Ich erwähne das hier, weil der Gefühlszustand sehr viel damit zu tun hat, ob wir als Einzelne mit unserer Arbeit einen Unterschied machen können oder nicht. Der Test ist einfach: Dort, wo wir von allein und ganz selbstverständlich empathisch handeln, liegt auch der Zuständigkeitsbereich, in dem wir wirken sollten. Denn wenn wir uns anstrengen müssen, Anteil zu nehmen, ist weder das Interesse echt noch das Gefühl.

Niemand muss seinen Job gleich lieben, um ihn ausüben zu können. Aber dort, wo Menschen am Werk sind, kann man die menschliche Gefühlswelt nicht vollkommen vernachlässigen. Wenn wir in der Arbeitswelt Gefühle zulassen, dann jedoch eher negative: Ärger, Frust, Desinteresse, Angst und Neid begegnen einem weitaus häufiger als Leidenschaft und Hingabe an die eigene Aufgabe. Mitgefühl und liebevoller Umgang sind fehl am Platze, wenn es um Arbeit geht.

»Tu, was du liebst, liebe, was du tust, liebe dein Leben, liebe deine Arbeit...« – ich weiß, wie bei diesen Zeilen mit den Augen gerollt wird. Damit tut man sich allerdings keinen Gefallen, denn der einzige Weg, etwas Besonderes zu machen, ist, es auch besonders wertzuschätzen. Wer tut, was er liebt, macht automatisch von der Persönlichkeit geprägte Arbeit und transportiert damit auch eine Haltung.

Wer sich in die Lage anderer gut hineinversetzen kann und mitfühlend ist, der wird auch besser in der Lage sein, bedeutende Arbeit zu leisten. Denn wer sich wirklich betroffen fühlt von Missständen und Ungerechtigkeiten in der Welt, der wird das bessere Produkt und die bessere Dienstleistung anbieten, der bessere Geschäftspartner sein und engagiertere Arbeit leisten, mit höherem Stellenwert für die Gesellschaft.

Als empathischer Mensch wird man andere Führungsqualitäten haben und eher bemüht sein, ein neues Verständnis von Arbeit und Wirtschaft zu prägen. Empathisches unternehmerisches Handeln kann zur Perspektive und Inspiration für eine ganze Generation werden. Wie wichtig das ist wird deutlich, wenn man sich einmal den umgekehrten Fall betrachtet: Wenn die Arbeit von Unlust und dem Mangel an Betroffenheit gekennzeichnet ist, wird das Resultat niemals etwas sein, das als bedeutend wahrgenommen wird oder die Lebensqualität anderer verbessert.

Empathiefähigkeit hat viel mit Interesse zu tun. Wer unmoralisch wirtschaftet, der tut das, weil ihm die großen Zusammenhänge egal sind und nur der eigene Profit wichtig ist. Wer sich nicht für seine Mitmenschen oder die nächste Generation interessiert, wird auch nichts zu ihrem Wohlergehen beitragen.

Sowohl empathische als auch unempathische Zustände können »ansteckend« wirken. Wer Empathie erfährt, wird eher Empathie weitergeben. Wer Ignoranz erfährt, läuft Gefahr, in der Folge selbst gefühllos zu reagieren. Wer einen empathischen Chef hat, der sich auf die Mitarbeiter einstellt und sich wirklich Zeit für deren Probleme und Ideen nimmt, wird eine solche Haltung auch anderen Teammitgliedern entgegenbringen. Wer bei der Arbeit ignoriert wird, das Gefühl bestätigt bekommt, nur ein kleines Rad zu sein, wird sich kaum mit seiner Arbeit identifizieren können und erst recht keine weiteren Zuständigkeiten übernehmen wollen. Wahrscheinlich ist es ihm dann auch relativ egal, wie es den Kollegen geht. Warum sollte man seinem Nachbarn mehr Beachtung schenken, als einem selbst entgegengebracht wird? Dass sowohl die eigene als auch die Arbeit anderer häufig nicht wertgeschätzt wird, ist die Krankheit unseres Arbeitssystems, in dem es nicht darauf ankommt, seine Arbeit gerne zu machen.

Die Umorientierung zu einem neuen Arbeitsverständnis, das von Werten wie Verantwortlichkeit, Menschlichkeit, Mut, Gerechtigkeit, Ehrlichkeit oder Bescheidenheit geprägt ist, wird maßgeblich vorangetrieben von Menschen, die empathisch sind und ihre Arbeit ganzheitlich begreifen. Denen nicht egal ist, wie sich die Firma als Organisation verhält, wie das Betriebsklima ist, wie es dem Nachbarn geht. Sich betroffen zu fühlen, die Stimme zu erheben, sich für etwas einzusetzen und seine Werte zu leben, das ist der Schlüssel zu einer Integrität bei der Arbeit, die viel bewegen kann. Es gibt keine empathische Gesellschaft ohne die Bereitschaft des Einzelnen, empathisch zu handeln.

Höher, schneller, weiter und vor allem billiger sind kapitalistische Leistungsmerkmale, die gnadenlos überstrapaziert wurden. Jedes empathische Handeln jedoch ist Arbeit, die sich von bloßer Durchschnittsleistung abhebt. Wenn man sich immer nur fragt: »Rechnet es sich für mich?«, stellt man sich sicher die falsche Frage. Um wirklich bedeutende Arbeit zu leisten, muss man großzügig und mitfühlend sein. Und sich selbst in der Zuständigkeit sehen, dieses Verhalten zu kultivieren. Und zwar nicht nur als Führungskraft, sondern als Mensch. Selbstführung ist das Stichwort.

>>>> STOP <<<<

RESISTING

»—→ *Start* ←—«

creating

»THE WORLD IS YOUR PLAYGROUND,
NOT YOUR PRISON«

DIE WELT IST DEIN SPIELPLATZ,
NICHT DEIN GEFÄNGNIS

Die Krise ist vorbei!

>»The goal of the future is full unemployment, so we can play.«
>— Arthur C. Clarke

Als ich nach dem Abitur versuchte, mich mit dem Berufsleben anzufreunden, wollte ich natürlich, so wie viele andere auch, irgendetwas »Kreatives« und »irgendetwas mit Medien« machen. Ich hatte mir mit meinem Studium der Geisteswissenschaften allerdings etwas ausgesucht, von dem häufig behauptet wird, dass es eher auf die Arbeitslosigkeit vorbereitet als auf die Arbeitswelt. Und tatsächlich erinnere ich mich, dass ein Professor uns zu Beginn des Studiums schon in der Begrüßung aufklärte, dass dieser Studiengang zwar gerade sehr populär wäre, aber in keinster Weise auf einen bestimmten Beruf vorbereite. Und viel Glück bei der Jobsuche! Großartig, dachten viele von uns, kreideweiß geworden, ratlos, wie das Leben nun weitergehen sollte. Ich dagegen sagte mir: »Toll, dann kann ich ja praktisch alles sein! Die Welt ist dein Spielplatz, nicht dein Gefängnis!«

Unterhält man mit sich mit einem Anthropologen, wird er bestätigen: Wir alle besitzen eine natürliche Neugier, eine Art »Spieltrieb«. Wir wollen unsere Umwelt erforschen, ständig Neues lernen und uns ausprobieren. Doch warum fühlen viele sich dann so unfrei und ferngesteuert, getrieben von dem »Müssen« und »Sollen« anstelle des »Wollens« und »Wünschens«?

Jeder, der sich dazu entscheidet, kann heutzutage ein Unternehmen, eine Initiative, eine Non-Profit-Organisation, eine Konferenz, einen Verein, ein Festival oder eine Ein-Mann-Band ins Leben rufen. Es gibt praktisch keine plausible Entschuldigung mehr dafür, eine eigene Idee nicht umzusetzen. Wer viele Ideen hat, hat auch viele Möglichkeiten, sie zu verwirklichen.

Das Wichtigste ist, sich nicht abhängig zu fühlen von den Grenzen der konventionellen Arbeitswelt. Wer bereit ist, seine Komfortzone zu verlassen, kann wählen, was er tun möchte und wie er es tun möchte. Menschen, die sich in den Konventionen der alten Arbeitswelt nicht wohlfühlen, haben häufig das Bedürfnis, mit der eigenen Arbeit etwas Besonderes bewirken zu wollen. Dass wir freiwillig auf bezahlten Urlaub, geregelte Arbeitszeiten und betriebliche Altersvorsorge verzichten und dafür Selbstbestimmung, Selbstverwirklichung und die Lust am Schaffen vorziehen, ist eine Wahl, die wir zugunsten, nicht zum Schaden unseres Lebens treffen! Spätestens seit die Krise der Erwerbsgesellschaft und damit Arbeitslosigkeit und Unsicherheit zur Normalität geworden sind, erscheint es plausibel, sich selbst ein Alternativmodell auszudenken. *Die Arbeit geht weiter*, lautet der Titel eines Buches von Norbert Blüm aus dem Jahr 1983. Anders als auf seine Behauptung »Die Rente ist sicher«[20] kann man sich darauf wohl verlassen, denn selbstgestaltete Arbeit geht im Gegensatz zu fremdbestimmten Arbeitsplätzen tatsächlich niemals aus.

Angesichts unseres globalen Arbeitsmarktes spielt es keine Rolle mehr, wo man seine Arbeit ausführt. Mitarbeiter und Kunden sind weltweit vernetzt, kreative Arbeit kennt jetzt schon keine geografischen Grenzen mehr, Wissensarbeit sowieso nicht. Die Chance liegt darin, die durch die digitale Vernetzung entstandenen Möglichkeiten für sich zu nutzen. Während Unternehmertum immer interessanter wird, verliert die abhängige Beschäftigung immer mehr ihren Reiz. Jetzt ist die Zeit, um Gas zu geben!

Über Plattformen wie Seedmatch, Indiegogo, Startnext oder Kickstarter (USA) kann man sein Vorhaben durch Crowdfunding finanzieren lassen. Nicht zum ersten Mal sind Filme, die über das Internet »schwarmfinanziert« sind, für den Oscar nominiert.[21] Der über Kickstarter mit 52 527 US-Dollar crowdfinanzierte Film »Inocente« gewann 2013 sogar den Oscar in der Kategorie »Dokumentar-Kurzfilm«.[22] Dank vieler »Backer«, also Unterstützer, die an das Projekt glaubten und es mit kleinen Beträgen ihres Eigenkapitals finanziert haben, konnten solche Filme von Indie-Filmemachern überhaupt realisiert werden. Auch deutsche Anleger begeistern sich für die Möglichkeit der Schwarmfinanzierung. Ein Projekt, das Tampons zu Lifestyle-Werbeträgern machen soll, wurde über Seedmatch mit 200 Prozent sogar überfinanziert. 50 000 Euro wollten die beiden Gründerinnen, 100 000 Euro und 174 stille beteiligte Investoren haben sie bekommen.[23] Das Einstellen von professionellen Projekten, deren Geschäftsmodell

überzeugend ist, ist für Gründer meist kostenlos. Fehlendes Startkapital ist heute keine Ausrede mehr.

Anstatt kostbare Zeit mit sozialen Medien wie Facebook, Twitter, Google+ und Co. totzuschlagen und sie nur für den privaten Voyeurismus zu gebrauchen, sollte man sie lieber als Sprachrohr benutzen, um seine Ideen zu teilen. Anbieten statt konsumieren! Fertige E-Commerce-Lösungen wie »Shopify« oder Plattformen, die Community und E-Commerce gleich verbinden, wie beispielsweise Etsy und DaWanda im Handmade- und Designbereich, stellen die Vertriebsstruktur zur Verfügung und schaffen die Vorausetzung, um eigene Produkte professionell, aber einfach online zu vertreiben.

Für nahezu jede Position gibt es ein praktisches Online-Tool – kurzum, es braucht heute keine ganze Abteilung mehr dafür, ein kleines aber feines Projekt umzusetzen oder es in einer gewinnbringenden Selbstständigkeit zu etablieren. Man braucht weniger an Startkapital, keine teuren Werbemaßnahmen und muss keine PR-Agentur engagieren. Um ein funktionierendes Unternehmen zu leiten, braucht man im Zweifel nicht einmal mehr ein Büro. Es gibt zahlreiche Beispiele für junge Unternehmer, die »remote« arbeiten, also von überall und ohne feste Bürozeiten oder gemietete Räumlichkeiten. Sie treffen sich in Co-Working-Spaces, die neben freien Schreibtischen, Wi-Fi-Zugang und Kaltgetränken alle Voraussetzungen für modernes Arbeiten bereitstellen.

Wer sein Hobby zum Beruf machen will, kann das heute einfacher tun, aber niemand muss unbedingt gleich den gegenwärtigen Job kündigen, um die Luft der Freiheit zu schnuppern. Die Tools sind da, die Möglichkeiten sind vielfältig – das richtige Setting kann jeder für sich selbst finden. Eine plausible Entschuldigung dafür, sich von einem Arbeitgeber abhängig machen zu lassen, gibt es nicht mehr.

Die Befürchtung, dass es ihnen an betriebswirtschaftlichen Fachkenntnissen und an »Strapazierfähigkeit im Behördendschungel« mangeln könnte, lässt viele Menschen davon Abstand nehmen, ihre unternehmerischen Träume zu verwirklichen. Dabei werden das Beherrschen der Bankersprache und profunde Kenntnisse der Betriebswirtschaftslehre als Hauptqualitäten eines Gründers meist überbewertet.

Wenn kein Fremdkapital benötigt wird, braucht man sich auch nicht mit einem Bankmenschen oder einer Venture-Capital-Gesellschaft zu unterhalten. Wenn man sich in Sachen eigenes Unternehmen oder engagierte Nebentätigkeit beraten lässt, so ist die intensive Auseinandersetzung mit den Bereichen, von denen man noch keine Ahnung hat, selbstverständlich. Man muss die Dinge verstehen wollen.

Zum Toben auf diesem Abenteuerspielplatz gehört auch die Klärung rechtlicher Fragen und steuerlicher Angelegenheiten sowie die Auseinandersetzung mit Behörden. Es empfiehlt sich, einen versierten Steuerberater und einen spezialisierten Anwalt ins Boot zu holen. Sie können den deutschen Paragrafen- und Anforderungsurwald erklären und bei den vielen Gesetzgebungen, die scheinbar als Bremsklötze für idealistische Gründer installiert wurden, mit Rat und Tat zur Seite stehen. Und natürlich ist es für die Nachhaltigkeit eines Geschäftes wichtig, jemanden an Bord zu haben, der Betriebswirtschaft beherrscht. Um jedoch loszulegen, kommt man auch mit einfachen kaufmännischen Kenntnissen voran. Der Versuch, alles überzuanalysieren, ist nur hinderlich, wichtiger ist die Bereitschaft hinzuzulernen! Gründer brauchen kein BWL-Studium. Gründer brauchen ein unschlagbares Konzept und vor allem die Begeisterung für die tägliche Arbeit, die ein Unternehmen mit sich bringt. Die Lust daran, die eigene Arbeitskraft zu investieren. Das hört sich selbstverständlich an, aber mir begegnen immer wieder Gründer, die diesen Aspekt vernachlässigen. Sie freuen sich ausschließlich darüber, was sie nach der Gründung alles nicht mehr tun müssen. Nicht mehr ins Büro, nicht mehr in Meetings sitzen, nicht mehr auf ungeliebte Kollegen Rücksicht nehmen. Aber Vorsicht, die Selbstständigkeit ist nicht automatisch eine Antwort auf ein unbefriedigendes Arbeitsleben! Die Gefühle »Endlich frei!« oder »Endlich mein eigener Chef!« sind als Motivationsfaktoren schnell verbraucht. Um glücklicher zu arbeiten, muss man sich darauf konzentrieren, was man tun möchte, nicht darauf, was man haben möchte. Alles andere lernt man auf dem Weg.

REPLACE "WHAT IF?" WITH "HELL YEAH!!"

Wer suchet, erfindet

> »Wer ›nicht in die Welt passt‹,
> der ist immer nahe daran, sich selber zu finden.«
> – Hermann Hesse

Die berufliche Orientierung habe ich persönlich als eine der schwersten Herausforderungen empfunden. Aber nur, solange ich noch an die Einseitigkeit des Angebots geglaubt habe. Dass alles auch anders funktionieren kann, darauf muss man erstmal kommen als junger Mensch! Denn es sagt uns keiner.

Mit ungefähr sechzehn werden wir das erste Mal mit der Schulklasse in ein »Berufsinformationzentrum«, kurz »BiZ« geschickt, wo wir dann per Computerformular herausfinden dürfen, welches ein geeigneter Beruf für uns sein könnte. Am Ende kommt meist »Floristin« oder »Polizist« dabei heraus. Die Bemühungen des Staates, uns alle Infos rund um den Arbeitsmarkt, die Berufs- und Studienwahl und die Stellensuche zu geben, sind zwar gut gemeint, doch zeigen sie auch, wie sehr sie auf die konventionellen Beschäftigungsmodelle fixiert sind. Doch wenn wir heute unsere Kinder fragen, was sie einmal werden möchten, können sie das wahrscheinlich gar nicht genau definieren, denn möglicherweise existiert das Berufsbild, das sie anstreben, noch gar nicht und wird erst durch sie neu kreiert.

Die Welt dreht sich heute schneller als noch vor einigen Jahrzehnten. Wir arbeiten im E-Commerce, in Softwareunternehmen und bei Online-Plattformen. Facebook, Google, Twitter und Co. gehören in unser tägliches Leben wie Essen, Schlafen und Fernsehen. Diese Unternehmen und ihre Angebote gab es vor zwanzig Jahren noch nicht. Neue Produkte und Dienstleistungen schaffen Bedarf für ungeahnte Betätigungsfelder, auch abseits des klassischen Beschäftigungsmodells.

In Deutschland wird trotzdem noch viel Wert darauf gelegt, einen »schlüssigen« und damit möglichst geradlinigen Lebenslauf vorweisen zu können. Obwohl es wichtiger wäre, generelle Lebenswege aufzuzeigen, geht die schulische Ausbildung immer noch ausschließlich in Richtung eines »geraden« Berufsweges. Was wir gelernt und studiert haben, müssen wir dann auch machen. Der Weg ist einspurig vorgezeichnet, im besten Fall auf der Karriereleiter nach ganz oben. Wer seinen Berufsstand zwischendurch ändert, gilt nicht als multitalentiert, sondern als sprunghaft. Nicht nach Personalerlogik erklärbare Sprünge in der Erwerbsbiografie sind die größte Herausforderung im Vorstellungsgespräch und nicht selten Grund für eine Absage. Eine sogenannte »gebrochene Erwerbsbiografie« hat die scheinbar unausweichliche Folge der »Altersarmut« und ist damit das gängige Horrorszenario, das es zu vermeiden gilt. Lieber wird auch der langweiligste Büroalltag auf unbestimmte Zeit durchgezogen.

Anstatt uns etwas auszusuchen, das wir besser können und das sicher auch besser in unser Leben passen würde, strengen wir uns an, nicht zu weit von dem geraden Karriereweg abzukommen. Und das nur, weil es für vieles andere vielleicht (noch) keine passende Berufsbezeichnung gibt.

So, wie es bisher läuft, muss es aber nicht ewig weitergehen. Berufsfindung sollte im Herzen geschehen, nicht in einer Behörde. Richtig ist: Wir können uns heute auch mit einem selbst entworfenen Tätigkeitsfeld durchsetzen.

Sollte es nicht selbstverständlich sein, sich für viele verschiedene Dinge zu interessieren? Diese Vielfalt lässt sich natürlich nicht in ein vordefiniertes Jobkorsett zwängen. Die Idee eines einzigen Jobs, der uns bis in die Rente begleitet, ist nicht nur antiquiert, sondern verleugnet auch die Multidimensionalität des Menschen. In der sich schnell verändernden Arbeitswelt von heute geht es gar nicht mehr darum, möglichst einspurig unterwegs zu sein, sondern darum, sich breit aufzustellen, um sich auch bei veränderten Umständen mit seinem Können und Wissen durchsetzen zu können.

Flexible Formen unterschiedlicher Existenzsicherung waren schon lange üblich, bevor das Industriezeitalter die Bevölkerung in feste Berufe auf Lebenszeit zwang. Der irische Wirtschafts- und Sozialphilosoph Charles Handy nannte diese Form des Lebens und des Arbeitens »Portfolio life«. Es besagt, dass man, um seinen Lebensunterhalt zu bestreiten, ein breites Spektrum an Tätigkeiten abdecken kann und dabei keinem festen Karrierepfad zu folgen braucht (Handy 1995). Wie Holm Friebe und Thomas Ramge es in ihrem Buch *Marke Eigenbau* bezogen auf diese Idee darstellen, mache es uns zu kompletteren Menschen, »wenn wir das Portfolio unserer Neigungen, Begabungen und versteckten Talente ausleben und bei Gelegenheit professionalisieren, anstatt diese einem einzigen Beruf und einer Karriere unterzuordnen« (Friebe; Ramge 2008, S. 71). Und genau so leben und arbeiten die glücklichsten Menschen, denen ich bisher begegnet bin.

Ist es nicht in Wirklichkeit uninteressant, was wir beruflich machen, und einzig und allein interessant, was wir aus unserem Leben machen?

Das Frustrierende bei der Jobsuche ist oft, dass man glaubt: Irgendwo muss er doch sein, der ideale Job für mich! Irgendjemand muss ihn mir doch anbieten. Wenn Firmen Mitarbeiter rekrutieren, tun sie das nicht, weil sie möglichst viele Menschen glücklich machen möchten, sondern weil bestimmte Jobs erledigt werden müssen. Solange man nicht umdenkt und es anders macht als gewohnt, kann es auch keine Veränderung geben. Solange man nämlich nur in den offiziell ausgeschriebenen Angeboten stöbert, um dann standardisierte Bewerbungsunterlagen zu verschicken, landet man immer nur in den gleichen »Standardjobs«.

Dieses Problem löst sich nicht, solange nach den alten Regeln gespielt wird. Erfüllende Arbeit findet man nicht einfach irgendwo. Man muss sie sich selbst gestalten. Man muss mit seiner Leidenschaft und Überzeugung zum Arbeitgeber, Co-Gründer, Mitarbeiter oder Geschäftspartner gehen, anstatt zu erwarten, dass sie einem genau die Arbeit geben, die man will. Anstatt das Ziel zu haben, erfüllende Arbeit irgendwo finden zu müssen, sollte es das Ziel sein, Arbeit zu gestalten für ein erfüllendes Leben.

Die Vorstellung des einen Traumjobs entspricht den Realitäten der alten Arbeitswelt, in der sich aus der Masse der langweiligen Jobs auch manchmal einige interessante aussieben lassen. Aber irgendetwas ist faul an dem System, in dem die Herangehensweise stets ist: Hier bin ich, bitte nimm mich, ich bin gut! Anstatt auf die Auswahl und Gunst anderer zu warten, ist der bessere Weg, sich einfach selbst auszuwählen! Anstatt sich darauf einzulassen, dass irgendwer nur einen Teil von dem, was man kann, nachfragt, sollte man besser ein Portfolio an Kompetenzen und Interessen ausbauen und sich überall dort zeigen, wo man sich mit seinem Expertenwissen unentbehrlich machen möchte.

Immer wenn ich höre, »Key-Account-Manager gesucht«, denke ich: viel Glück, kein Mensch ist nur »Key-Account-Manager«. Und trotzdem wird einer gefunden. Weil wir plötzlich Key-Account-Manager sein wollen und unseren Lebenslauf so umschreiben, dass Key-Account-Manager die einzige logische Konsequenz unseres bisherigen Lebenswegs ist. Dann bekommen wir Visitenkarten, auf denen steht, was wir sind, und machen uns in Zukunft keine Gedanken mehr darüber. Das ist ein vollkommen absurder Vorgang, der aber als ganz normal hingenommen wird.

Für Menschen, die nicht auf Hierarchien angewiesen sind, ist ein Jobtitel irrelevant – wichtig ist, dass sie klar ausdrücken können, wer sie sind und warum sie tun, was sie tun. Jobtitel sind Label, die Menschen in Rollen zwängen und gleichzeitig die Chance auf jede Dynamik und Entwicklung einschränken. Aber jeder kann sich woandershin entwickeln und neue Potenziale ausschöpfen!

Wir können den ganzen Recruitingzirkus getrost vergessen, in dem irgendwer uns nach »Kompatibilität« bewertet, unseren Lebenslauf beäugt und uns nach Abschlüssen und Eigenschaften aussucht, die gerade auf die Stellenausschreibung passen. Es scheint, als zähle dort einzig das Schauspieltalent – wer traut sich schon, vor dem Entscheider über die berufliche Zukunft wirklich zu sagen, was im Leben von Bedeutung ist? Die Abteilung »Human Ressources« wird früher oder später umdenken müssen, wenn das Anbiedern bei jedem Vorstellungsgespräch ein Ende hat. Wer weiß, wer er ist, was er kann und will, ist auf diese Beurteilung nicht mehr angewiesen. Der Tag, an dem man sich davon verabschiedet, ist der Tag, an dem man seine Selbstständigkeit willkommen heißt.

Mit dem Traumjob ist es ein bisschen so wie mit dem berühmten Traumprinzen. Es gibt ihn nicht, den einen, irgendwo da draußen. Darum finden wir unseren Traumjob weder auf Online-Jobbörsen noch in irgendeinem Konzern. Schon gar nicht hat ihn irgendjemand für uns ins Internet gestellt. Niemanden sonst interessiert es, wovon du träumst. Und niemand ist dir eine Plattform für deine Talente schuldig – nur du dir selbst.

Vor dem Können kommt das Wollen

»... aber hey, alles ist gut, was man gerne tut,
spielt keine Rolle, ob bejubelt oder ausgebuht ...«
– Smudo (Smudo schweift aus)

Die schönste Arbeit, die du dir vornehmen kannst, ist eine Vision zu formulieren und diese zu leben, mit allen Fragezeichen und der Bereitschaft, nicht perfekt zu sein. Perfekte Menschen bewundert man, aber man liebt sie nicht. Perfektionismus ist bei der Umsetzung von Plänen meistens nur hinderlich. Die meisten Leute, von denen du glaubst, dass sie erfolgreich sind, weil sie besondere Ausnahmetalente sind oder besonders viel Glück hatten, haben sich ihr Wissen auch erst auf dem Weg angeeignet und sind dort, wo sie sind, weil sie sich entschieden haben, nicht umzukehren.

Wer sich heute immer noch davor scheut, sich seinen eigenen Traum zu verwirklichen und sich fit zu machen in den Themen, die ihn bewegen, gibt die Verantwortung im Zweifel an Arbeitgeber ab, die diesen Zielen weder nachkommen können noch möchten.

Nimm dich selbst in die Verantwortung. Dein Chef weiß nicht, was am besten für dich ist. Er weiß vermutlich nicht einmal, wo deine wahren Stärken liegen. Deine Fähigkeit, Anweisungen zu befolgen, ist nicht maßgeblich für den Weg hin zu selbstbestimmter Arbeit. Hör auf, um Erlaubnis zu fragen, und eigne dir auf einem selbstgewählten Gebiet einen Expertenstatus an, der dir entscheidende Vorteile verschafft. So kannst du dein Wissen und deine Fähigkeiten in den Bereichen vertiefen, die dich interessieren. Zudem wirst du zu einer wertvollen Wissensquelle für alle, die dieses Wissen auch benötigen, aber nicht selbst haben. Um sich in seinem Fachgebiet und auch für eine mögliche Selbstständigkeit gut aufzustellen, ist es heute nicht mehr nötig, den klassischen Ausbildungsweg zu gehen. Je leidenschaftlicher der Quereinsteiger, desto kleiner der Unterschied zum Fachmann.

Social Media wird für alle modernen Unternehmen immer wichtiger, ein professioneller Auftritt in sozialen Netzwerken ist mittlerweile unerlässlich. Aber sie können es nicht, die Großen. Und brauchen daher versierte

Menschen, die sich wie selbstverständlich in der Onlinewelt bewegen. Wer zum Beispiel alle Tricks von Facebook beherrscht, dank seiner interessanten Inhalte eine beachtliche Gefolgschaft auf Twitter unterhält und selbstverständlich seine Garderobe und Rezepte auf Pinterest pinnt, der könnte allein mit diesem Expertenwissen zum (freien) Mitarbeiter des Monats vieler großer Arbeitgeber werden. Wer es schafft, einen möglichen Shitstorm abzuwenden oder den Mob zumindest professionell zu moderieren, wird jedem Arbeitgeber Gold wert sein.

Wer hätte gedacht, dass das Twittern einmal eine nennenswerte Kompetenz auf dem Arbeitsmarkt sein würde? Und doch ist es so, inzwischen verdienen Menschen ihr Geld damit, Unternehmen beizubringen, wie das Zwitschern geht. Social Media ist nur ein Beispiel, jeder kann sich zum Meister der Nischenkompetenz machen. Wenn man etwas wirklich gerne tut, sollte man es beginnen, auch ohne sich vorher ewig darauf schulen zu lassen. Und sosehr ich Menschen ermutige, sich ein Tätigkeitsfeld selbst zu gestalten, umso stärker weise ich darauf hin, Professionalität anzustreben.

Es gibt keinen Grund, dem Dilettantismus zu huldigen. Professionell zu arbeiten und Fachwissen vorweisen zu können ist unerlässlich im Wettbewerb. Echtes Fachwissen zeigt sich jedoch sehr deutlich erst in der Anwendung! In der Arbeit selbst zeigt sich wahres Können oder eben Unvermögen. Nur weil jemand kein offizielles Zertifikat hat, das anerkannte Fachkenntnisse beteuert, heißt das nicht, dass keine Fachkenntnisse vorhanden sind. Damit soll ein Studium nicht grundsätzlich abqualifiziert werden, und natürlich möchte sich niemand von einem Laien den Blinddarm herausnehmen lassen. Aber in sehr vielen Bereichen kann man genauso gut als Autodidakt zu großartigen Ergebnissen kommen wie durch ein Elitestudium. Jeder professionelle Mensch wird sich fachlich weiterbilden wollen, schon allein aus Integrität und Interesse am Thema. Dilettanten werden sich in der Geschäftswelt niemals durchsetzen. Jedenfalls nicht in der Selbstständigkeit.

Wenn wir uns für etwas begeistern, dann können wir es in der Regel auch gut oder haben großen Spaß daran, es zu lernen und uns zu verbessern. Wer Dinge auch auf neuem Terrain ausprobiert, der entwickelt auf dem Weg ganz neue Fähigkeiten. Und das ist eine wertvollere Zukunftskompetenz als das Verharren in starren Rollen, die per Studium oder momentane Berufsbezeichnung legitimiert wurden.

Am meisten Spaß machen die selbst ausgedachten Berufe. Wenn man eine eigene Firma gründet, dann entwirft man sich in gewisser Weise eine eigene Welt, in der man wirken kann. Eine Arbeitswelt, die zumindest von der Gestaltung her vollkommen den eigenen Ansprüchen genügt. Der Erfolg in einem selbst erfundenen Beruf beruht nicht allein auf Wissen, sondern vielmehr auf der Persönlichkeit des Machers. Wer etwas tut, für das es keine Berufsbezeichnung gibt, oder etwas, das sich nicht in eine Stellenbeschreibung zwängen lässt, befindet sich in einem unaufhörlichen Entwicklungsprozess der Kultivierung und Vervollkommnung. Wer seine Arbeit selbst erfindet, der hört damit niemals auf und durchläuft verschiedene Phasen von Zweifeln, Rückschlägen und Neujustierung, aber auch Verbesserung, Feinschliff und Erfolgserlebnissen, die zu neuen Leistungen anspornen. Im Ergebnis möchte man sein Leben nicht mit jemand anderem tauschen. Wenn sich Arbeit nicht wie Arbeit anfühlt, dann kann man sicher sein, das Richtige zu tun.

Die Gefängnistür steht weit offen

»Lass dich nicht unterkriegen. Sei frech und wild und wunderbar.«
– Astrid Lindgren, Pippi Langstrumpf

Letztlich ist es nicht wichtig, in welchem Arbeitsverhältnis man sich befindet. Nicht die Form, sondern die Qualität ist entscheidend. Viel zu selten machen wir uns bewusst, dass wir uns praktisch jeden Tag neu erfinden könnten. Neben der eigenen Unternehmensgründung könnten vor allem Kombinationen aus Festanstellung und selbstständigen Projekten das Mittel zur beruflichen Selbstverwirklichung sein. Und auch ein Mehr an Entrepreneurship innerhalb bestehender Unternehmen (Intrapreneurship) kann sowohl der persönlichen Entfaltung dienen als auch das Unternehmen, für das man tätig ist, verbessern.

Menschen, die diese Vielfalt der Möglichkeiten vehement bestreiten, leben meist in ihrem selbstgebauten Gefängnis. Ihre Unfreiheit schränkt sie sowohl in ihrem Handeln als auch in ihrem Denken ein. Anstatt neue Optionen erforschen zu wollen, versuchen sie, das Alte anzupassen. Konformität ist bequemer als die Entscheidung, mutig man selbst zu sein. »Was werden die Leute sagen? Lässt sich damit denn Geld verdienen? Hast du dir das gut überlegt?« Das sind die Fragen, vor denen wir uns alle gruseln. Wenn wir uns allerdings von den damit verbundenen Erwartungen einschüchtern lassen, werden wir uns nie aus der Schlange der Bürokantine zur Stoßzeit der Mittagspause ausreihen können und für immer Arbeit mit Karriere verwechseln.

Man ist entweder kreativ oder ängstlich. Beides zusammen gibt es nicht. Kreativität bedeutet auch Mut und Gestaltungswillen. Das schlimmste Gefängnis ist das Gefängnis im Kopf. Unfreiheit ist nicht nur ein Zustand, sondern leider auch eine (zum Teil unbewusste) Haltung. Jeder lebt in seinem eigenen Gefängnis und empfindet es als unverschämt, wenn andere sich über die selbstgemachten Haftbedingungen hinwegsetzen. Du bist nur so frei, wie du es dir selbst erlaubst.

Man steht sich selbst im Weg, wenn man »Norm« – also das, was gesellschaftlich akzeptiert ist – mit »Wahrheit« – also dem, was als unabänderliche Realität empfunden wird – verwechselt. Das hört sich ungefähr so an: »Weil alle ihr Leben um die Arbeit herum planen, muss ich es auch tun; weil niemand seine Arbeit selbst erfindet, darf ich es auch nicht tun; weil die Welt nun einmal so ist, kann ich sie nicht verändern.«

Was ist aber, wenn diese »Wahrheit« lügt? Leider oder zum Glück gibt es so viele Wahrheiten auf der Welt, wie es verschiedene Menschen gibt. Mit Ausnahme in der Mathematik, in der wir uns auf eine gültige Logik geeinigt haben (ob das die Wahrheit ist, weiß ich auch nicht), ist »Wahrheit« zunächst Interpretation und hat daher sehr viel mit persönlicher Wahrnehmung zu tun. Wer das bezweifelt, kann ja mal versuchen, einen Kommunisten vom Kapitalismus zu überzeugen oder einen fundamentalistischen Christen dazu zu bewegen, zum Islam zu konvertieren.

Was für dich richtig und wahr ist, muss nicht richtig und wahr für deinen Nachbarn sein. Daher sollte man sich auch nicht zu sehr auf die Wahrheiten anderer Leute verlassen. Auch nicht auf die, die ich hier anbiete. Jeder muss seine eigenen Werte überprüfen und sich eigene Gedanken dazu machen, was richtig, wichtig, moralisch einwandfrei und erstrebenswert ist, und sich gleichzeitig in Toleranz üben. Wer seine eigene Wahrheit kennt, der wird es einfacher haben, nicht von einer fremden Wahrheit abhängig zu sein.

Zumindest für die Arbeitswelt kann man feststellen: Die Gefängnistür steht weit offen. Man kann jederzeit hinausspazieren und an die Arbeit seines Lebens gehen. Das ist unzweifelhaft eine Wahrheit.

»WORK ON WHAT YOU LOVE
AND SHARE IT WITH THE WORLD«

GEH AN DIE ARBEIT UND
TEILE DEINE LEIDENSCHAFT

Kritiker sind Kritiker

»Die Kritik an anderen hat noch keinem die eigene Leistung erspart.«
– Noël Coward

Nur wer frei im Denken ist, kann auch sein Herz öffnen für völlig neue Dimensionen der Arbeitswelt. Und dann werden sich auch Menschen finden, die einen bei dem eigenen Vorhaben unterstützen. Du musst nicht alles selbst wissen, aber ein vertrauensvolles Netzwerk aus verschiedenen Experten kann dir bei jedem Problem helfen. Um sich aus der Welt der Konventionen zu befreien, braucht man den Mut, seine Ideen zu teilen. Sobald du deine Vision von der Welt in Form praktischer Arbeit sichtbar machst, schaffst du die Voraussetzungen dafür, neue Strukturen zu etablieren und andere Denkweisen zu inspirieren. Umgekehrt lernst du über den Austausch mit anderen engagierten Menschen auch ständig dazu und eröffnest dir neue Welten. Wer etwas zu sagen hat, drückt es am besten über sein Werk aus, Taten sprechen eine deutlichere Sprache als Worte. Der Wert unserer Arbeit besteht in dem, was wir bereit sind, der Welt anzubieten. Nicht darin, wie viel wir dafür bekommen.

Die Sache mit dem »Zeigen« hat allerdings zwei Seiten. Einerseits ist der einzige Weg, an seiner Arbeit zu wachsen, sie einem Publikum vorzustellen. Andererseits sind eigene gute Projekte stets eine Steilvorlage für vernichtende Kritik und Besserwisser. Man darf nicht vergessen, dass man mit allem, was man tut, unter Umständen die Prioritäten anderer infrage stellt und ihnen gegebenenfalls und ohne dass man es vorhatte sogar ihre eigenen Unzulänglichkeiten spiegelt. Man wird automatisch zur Projektionsfläche. Jeder, der eigene Projekte vorstellt, kennt das. Je freundlicher auf Veränderungen reagiert wird und je wohlwollender Menschen sind, desto reifer sind die Persönlichkeiten, die du vor dir hast. Ein fairer Umgang und konstruktive Kritik sind von dem »lauten« Teil der Bevölkerung jedoch nicht zu erwarten. Wertschätzung erfährt man oft leise und auf viele stille Arten, Gehässigkeit aber schreit.

Je mehr einem die eigene Arbeit bedeutet, desto verletzlicher ist man natürlich bei Kritik und Geringschätzung. Und mit ziemlicher Sicherheit

HATERS GONNA HATE

MAKERS GONNA MAKE

wird beides auf einen zukommen. Um sich davon nicht zerstören zu lassen, ist es wichtig, das Wesen des vernichtenden Kritikers zu kennen.

Kritiker sind Kritiker und nicht Gestalter. Das Wesen des Kritikers ist es, Vorhandenes zu bewerten, nicht selbst etwas zu (er)schaffen. Wenn man sich einmal ansieht, wie viele von ihnen sich überall dort austoben, wo es eine Kommentarfunktion gibt, spürt man, welch diebischen Spaß es machen muss, Arbeit anderer zu beurteilen. Wer das wirklich kann, ist durch seine konstruktive Kritik jedem Gestalter eine Hilfe. Leider gibt es aber auch zerstörerische Kritiker. Sie haben die Macht, Neues im Keim zu ersticken. In dem Fall ist Kritik nicht konstruktiv, sondern vernichtend. Eine starke Überzeugung macht angreifbar und polarisiert. Dessen muss man sich bewusst sein, wenn man etwas Neues versucht und anderen davon erzählt.

Schon seit Newtons berühmten Gesetzen der Bewegung weiß man: »Actio gleich reactio.« So heißt es im dritten Gesetz, dem Prinzip der Gegenwirkung.[24] Also: Jede Aktion ruft eine Reaktion hervor. Für jeden, der deine Haltung unterstützt, findet sich jemand, der sich darüber aufregen muss. Als Faustregel kann man sich merken: Als erstes kommen die Kritiker, die überhaupt nicht weiterhelfen. Die Welt ist voller »Experten«, die niemand braucht. Denn sie neigen zur »Blitzverurteilung«. Sie lieben die spontane Verkennung und kennen keine Schonzeit. Dabei führen sie stets an, dass sie nun wirklich wüssten, wie die Welt funktioniert. Davon darfst du dich nicht beeindrucken lassen. Zerstörer zu sein ist eine Krankheit, Gestalter zu sein eine Begabung. Dein Vorteil wird immer sein: Der Zerstörer braucht den Gestalter. Der Gestalter braucht den Zerstörer nicht.

Nicht für andere, sondern mit anderen arbeiten

»Mehr für die Welt tun, als die Welt für einen tut – das ist Erfolg.«
– Henry Ford

Dennoch liegt der Wert einer erfüllenden Arbeit auch darin, sie mit der Welt zu teilen. Menschen reagieren auf Geschichten, mit denen sie sich identifizieren können, und auf Angebote, die sie inspirieren. Es sind geistig offene Menschen, die idealistische Ideen und Inhalte wertschätzen. Wenn es dir gelingt, sie dort abzuholen, wo ihre eigene Begeisterung liegt, wird aus deinem persönlichen Traum schnell eine aufregende Realität, die von vielen lebendig gemacht wird.

Kleine Brands wie Holstee (Holstee.com) und Communitys wie Kollabora (Kollabora.com) zeigen, wie ein Ethos für ökofaires Design oder die Liebe zu Selbstgemachtem die Menschen zu wahren Markenbotschaftern werden lassen und wie sie beginnen, diese Angebote in ihr Leben zu integrieren. Und auf einmal interessieren sich Millionen für diese bestimmten Produkte und Ideen.

Das geschieht nicht nur anderen, sondern auch dir, wenn du es verstehst, deine Leidenschaft zu teilen. Leidenschaft für etwas, bei dem alle spüren, dass sich die Arbeit, das Geld, die Zeit, das Leben lohnen. Pflanze selbst Bäume, anstatt die Bäume anderer zu schütteln! Und erzähle dann weiter, wie es geht. Das Teilen ist ein wichtiger Baustein echter Zusammenarbeit. Und die wird in Zukunft nicht nur vielfältiger, sondern auch wichtiger.

In einer differenzierten und immer komplexer werdenden Arbeitswelt existieren auch neue, flexible Formen der Zusammenarbeit. Eine der Herausforderungen besteht darin, sich ein funktionierendes Netzwerk aus Freunden, Vertrauten und Mitarbeitern zu gestalten. Es ist ein Irrtum zu glauben, dass ein eigener Weg unweigerlich in die Isolation führt. Es ist sogar besonders wichtig, andere an seinen Ideen teilhaben zu lassen. Ideen wollen nicht eingesperrt sein, sie müssen aus dem Kopf heraus, um Wirkung zu haben, und niemand auf der Welt kann alles alleine schaffen. Um den richtigen Menschen zu begegnen, ist es wichtig, eine Mission zu haben, die man mit anderen teilen kann. Wenn wir uns über Themen austauschen können, die uns wirklich bewegen, und die Option haben, gemeinsam Neues zu schaffen, hat das nichts mehr mit routinemäßigem Netzwerken oder Visitenkartenaustauschen zu tun. Es hat viel damit zu tun, wer wir sind, und weniger damit, welchen Job wir ausüben.

Genau wie das Konzept der Arbeit muss auch das der Zusammenarbeit sich weiterentwickeln. Es wird häufig missverstanden. Zusammenarbeit sollte bedeuten, dass jeder sein Bestes in ein Projekt gibt, in dem seine Arbeit, Zeit und Energie wertgeschätzt werden. Gemeinsam an einer für alle Beteiligten bedeutsamen Sache zu arbeiten ist weit mehr als einfach Teamwork. Es bedeutet nicht: »Ich tue etwas für dich, nur weil du mich dafür bezahlst, oder weil du mir etwas in Aussicht stellst.« Das ist keine Zusammenarbeit, sondern schlicht ein Einsatz in Erwartung einer Gegenleistung. Zusammenarbeit wird hier auf Dienstleistung reduziert. Die Bezahlung steht im Vordergrund, nicht aber die Qualität der erbrachten gemeinsamen Leistung.

Wir sollten uns sehr bewusst machen, mit welchen Menschen wir beruflich umgehen möchten. Denn die Menschen, mit denen wir uns umgeben, beinflussen auch unsere Arbeit. Zu einem stimmigen Arbeitsplatz gehören genauso wie zu einem stimmigen Leben Menschen, mit denen man sich gerne umgibt. Mitarbeiter, Geschäftspartner und Kunden sollten Menschen sein, die wir sympathisch finden. Das ist sicher nicht ausnahmslos möglich, sollte aber in einer selbstbestimmten Arbeitskultur immer das angestrebte Ziel sein. Dort, wo ein gemeinsames Wertesystem und Leidenschaft für die Arbeit spürbar sind, ist man richtig.

> *Wer nichts für andere tut, der tut in letzter Konsequenz auch nichts für sich. Das ist eine der simpelsten Erkenntnisse, die für eine gute Zusammenarbeit wichtig sind. Es sollte nicht mehr darum gehen, für wen, sondern mit wem man arbeiten möchte.*

Mit der Entscheidung, etwas beruflich ausüben zu wollen, steht also viel mehr in Verbindung, als der leichtfertige Begriff »Job« es auszudrücken vermag. Unser Wunschberuf steht im Zusammenhang mit unserem Charakter und die Mentalitätsunterschiede verschiedener Berufsgruppen sind nicht unerheblich. Auf einer Handarbeitsmesse trifft man andere Menschen als auf einer Konferenz fürs digitale Zeitalter. Die Arbeit, die wir gerne tun, verbindet uns auch mit bestimmten Menschen. Sich mit den richtigen Menschen zu umgeben ist nicht nur lebensbereichernd, sondern auch eine wichtige Voraussetzung, um die bestmögliche Arbeit leisten zu können. Man muss sich mit Leuten zusammentun, die auch an eine neue Arbeitskultur glauben und ihre Arbeit lieben.

The secret:
Work with people
who love their work
x

Esprit de corps

Noch nie war es so leicht, sich zu vernetzen und Gleichgesinnte zu finden, wie heute. Wenn wir den Computer anmachen, öffnet sich uns die ganze Welt! Wirklich gleichgesinnte Menschen findet man nur, wenn man selbst begonnen hat, unkonventionelle Arbeitsbedingungen für sich zu etablieren. Tatsächlich ist das einzige Mittel, sich aus der allgegenwärtigen Negativhaltung, die der Arbeit anhaftet, zu lösen, selbstbewusst seine eigene Idee von Arbeitskultur zu leben. Da draußen sind viele Menschen, die es anders machen als der Mainstream. Sie sind keine Exoten mehr, sondern bilden eine Community mit vielschichtigen Kompetenzen. Man trifft sie in Co-Working-Spaces (www.coworking.de) auf Meet-ups (www.meetup.com/cities/de), kleinen und großen Kongressen (www.work-in-progress-hamburg.de, www.vernetzterleben.de), Blogger-Konferenzen (www.thehive-conference.com) und überall, wo Arbeit neu gedacht und neu gemacht wird. Interessante Menschen zu treffen, die ähnliche Werte vertreten und eine Realität verkörpern, wie man sie sich selbst wünscht, lässt den eigenen Traum sofort ein Stück mehr Wirklichkeit werden.

Die Beziehungen, die durch unser Wirken enstehen, die gegenseitige Inspiration und das damit verbundene menschliche Feedback sind wichtige Faktoren für die persönliche Entwicklung.

Wenn wir lieben können, was wir tun, dann schaffen wir nicht nur ein besonderes Lebenswerk, sondern gleichzeitig einen Kreis von Menschen, mit denen wir uns gut verstehen und mit denen wir gerne an die Arbeit gehen. Sie erweitern den Horizont, inspirieren neue Gedanken und beeinflussen unsere Leistung positiv. Alleine wächst niemand über sich hinaus.

Seit der Gründung von workisnotajob. und meinem Unternehmen supercraft verbringe ich immer wieder Zeit in New York City. Über das Internet war workisnotajob. schnell bekannt geworden, und es entstanden viele Freundschaften mit gleichgesinnten Unternehmern in den USA. So lernte ich zum Beispiel die Brüder David und Michael Radparvar kennen. Sie schrieben zusammen mit ihrem Freund Fabian Pfortmüller vor der Gründung ihrer ökologischen Lifestyle-Brand »Holstee« ein Manifest, das zu einem populären Poster wurde (Holstee Manifesto) und ihre Grundsätze für ein bewusstes Leben ausdrückt. Sie kündigten mitten in der US-Rezession 2009 ihre gut bezahlten Jobs, um eine Firma aufzubauen, die ihre Ideale verkörpern sollte. Seither fließen diese Werte in ihr unternehmerisches Handeln ein. Mein liebster Satz aus ihrem mittlerweile weltweit bekannten und über 80 000 000 Mal im Internet angesehenen, geteilten und bestaunten Manifest lautet, frei aus dem Englischen übersetzt: »Im Leben geht es um die Menschen, denen man begegnet, und um die Dinge, die man gemeinsam gestaltet.«[25] Und genau das stimmt.

Es geht darum, nicht mehr irgendeinen Job auszuführen, sondern eine Überzeugung, eine Berufung und einen echten Grund morgens aufzustehen zu haben. Wer eine Revolution der Arbeitswelt verlangt, der muss es als seine persönliche Arbeit ansehen, sein Tun nicht nur als Job zu verstehen. Über ein neues Verständnis von Zusammenarbeit und Wertschätzung der eigenen, aber auch der Arbeit anderer, kann eine neue Arbeitskultur hier und jetzt vorangetrieben werden. Wir brauchen sie nicht mehr, die Arbeit von »oben«. Wir haben selbst genug zu tun.

Es gibt kein richtiges Leben im falschen Job. Also beginne mit dem, was du wirklich gestalten möchtest.

Say **YES!** to new things *and* people

TEIL 3
WORK IS NOT A JOB.
DIE EINEN NENNEN ES
ARBEIT. WIR NENNEN
ES LEBEN

»You are responsible for the talent that has been entrusted to you«

Du bist verantwortlich
für dein eigenes Talent.
Mach was draus!

Schaffe, was du auf der Welt vermisst

»The best way to complain is to make things.«
– James Murphy, LCD Soundsystem

Wenn du für einen bestimmten Job eingestellt wirst, der vielleicht beinhaltet, dass du Prozesse optimierst, Budgets verwaltest, Datenbanken pflegst oder Kunden an Land ziehst, dann ist es dem Arbeitgeber ziemlich egal, ob du auch noch toll singen oder malen oder Menschen inspirieren kannst. Du bist selbst verantwortlich dafür, dein Können und wahres Talent zu leben. Anstatt es zu verleugnen, indem du es fremden Regeln unterordnest, solltest du herausfinden, wo du dieses Können anwenden kannst. Warum sich selbst und die Welt um den eigenen Beitrag betrügen?

In Wirklichkeit sind der Fantasie kaum Grenzen gesetzt. Unkonventionell ist konventionell. Vor fünfzig Jahren war es noch unmöglich, dass Frauen überhaupt Karriere machten, heute »sind wir Kanzlerin«.

Für die, die es ganz ernst meinen, bedeutet das: Wenn es das Unternehmen, in dem du dich wohlfühlen kannst, nicht gibt, musst du es selbst gründen. Wenn es den Job, den du gerne haben möchtest, nicht gibt, musst du ihn selbst schaffen. Denn wenn du nicht dein eigenes Ding machst, dann existiert es auch nicht. Es ist natürlich ziemlich optimistisch davon auszugehen, dass jeder sich seine Traumzustände schaffen kann. Aber ich ermutige dennoch dazu und verspreche mir davon eine wünschenswerte Entwicklung in unserer Gesellschaft. Eine Spur Naivität zuzulassen ist nicht ausschließlich töricht, sondern ermöglicht auch eine notwendige Unvoreingenommenheit – wer nicht wenigstens ein bisschen an Wunder glauben kann, lebt doch in einer traurigen Welt. Vielleicht ist es enthusiastischen Idealisten viel besser möglich, die Probleme der Welt zu lösen als trägen Großkonzernen. Es gibt heute eine neue Praxis, Aktivismus zu leben. Wir träumen heute nicht mehr davon, Greenpeace beizutreten, sondern davon, ein besseres zu gründen.

Mein Vater sagte einmal einen prägenden Satz zu mir: »Wir können unseren Kindern hundert Mal sagen: ›Lebe deinen Traum‹, aber sie lernen von dem, was wir ihnen vorleben, nicht von dem, was wir ihnen sagen.«

Menschen, die sich nach mehr Spaß und Sinn in der Arbeitswelt sehnen, gibt es viele. Was aber fehlt, ist die Inspiration. Irgendjemand muss vorleben, was möglich ist. Hättest du nicht auch gerne ein lebendes Beispiel dafür, dass auch dein Traum funktionieren kann?

Wir alle haben die Wahl: Wir können entweder mithelfen und durch unsere Arbeit *aktiv* eine neue Ausformung der Arbeitswelt prägen. Dazu müssen wir uns aber auch zuständig fühlen. Oder wir können passiv die Konventionen weiter zementieren und die Entwicklung gegebenenfalls behindern. Aber dann müssen wir eben auch mit dem leben, was wir vorfinden. Das Merkmal eines neuen Unternehmertyps sollte nicht sein, stets mehr von seinen Mitarbeitern zu fordern, sondern erst einmal mehr von sich selbst!

Von den »neuen Selbstständigen« ist schon seit den achtziger Jahren die Rede. Das »unvermutete Phänomen« ist lange erkannt und eigentlich nichts Neues. Der Soziologe Gerd Vonderach formulierte schon 1980 zehn damals steile Thesen für diese neue Richtung. These sechs lautet dort:

> *»Die neue Art von Selbständigkeit – insbesondere die Alternativbewegung – ist Resultat eines krisenhaften Strukturumbruchs und wird vor allem von jungen Menschen als Ausweg aus erschwerten Berufskarrieren und als Alternative zu den vorherrschenden Arbeitsformen angestrebt. Sie ist Reaktion auf die Beschäftigungskrise und auf die Sinnkrise der Arbeit gleichermaßen.«*
> *— Vonderach (1980, 163)*

Was schon in den Achtzigern auffiel, ist auch heute noch plausibel. Nur haben wir inzwischen, auch dank des technischen Fortschritts, unzählige Möglichkeiten mehr.

a head full of fears has no space for dreams

Der Ball liegt jetzt bei dir. Was vermisst du in der Arbeitswelt? Welche Projekte wären für deine Stadt ein Fortschritt? Welche Kultur möchtest du fördern? Wo kannst du der Welt auf die Sprünge helfen?

Häufig ist man darauf fixiert, Problemen aus dem Weg gehen zu wollen, wenn man sich nach Veränderungen sehnt. Um sich eine bedeutende Aufgabe zu stellen, sollte man sich aber nicht primär darauf konzentrieren, welche Unannehmlichkeiten man von nun an meiden möchte, sondern welches Problem auf der Welt man leidenschaftlich lösen will. Der Impuls, sinnvollere Arbeit zu leisten, entsteht selten aus wohlstandssatter Gleichgültigkeit und allgemeiner Lethargie. Manchmal weist das Unwohlsein den Weg. Was frustriert dich in der Welt?

Seit Jahrzehnten geht es in der Arbeitsgesellschaft ausschließlilch darum, einen Job zu finden, zu haben und zu behalten. Die gesamte Recruitingbranche ist damit beschäftigt, Menschen in Jobs zu verhelfen. Aber was ist, wenn wir heute mehr als einen banalen Job suchen? Das klingt in Anbetracht der Tatsache, dass die Jugendarbeitslosigkeit in Europa gegenwärtig explodiert, natürlich unerhört vermessen. Wie viele Krisen aber brauchen wir denn, um uns etwas Besseres auszudenken? Richtig ist: Ohne Arbeit geht es nicht. Aber ein Job muss sie dennoch nicht sein. Die Idee des Jobs, der nichts weiter als Broterwerb und Sozialversicherung verspricht, wird den Bedürfnissen der heutigen Generation nicht mehr gerecht. Mit neuen Möglichkeiten haben sich auch die Ansprüche und Sehnsüchte im Hinblick auf die Arbeit fundamental verändert.

Wie sich die Folgen der Rezession auf junge Berufstätige auswirken, habe ich in meiner Zeit in Irland eindrucksvoll feststellen können. Während Freunden in Deutschland die Krise glücklicherweise nur in den Nachrichten begegnete, war Dublin von einer Welle von Entlassungen betroffen. Junge Berufstätige aus meinem Bekanntenkreis verloren entweder selbst ihren Job, kannten jemanden, der seinen Job verlor, oder mussten selbst jemandem kündingen. Viele meiner Freunde verließen das Land, weil sie arbeitslos wurden. Im kleinen Irland, wo sich vieles auf die Hauptstadt Dublin konzentriert, schien es für eine gewisse Zeit einfach keine Jobalternativen mehr zu geben. Zugleich vollzog sich aber eine andere interessante Entwicklung. Menschen, die vorher in ihrem Angestelltenverhältnis (beispielsweise in einer Bank) todunglücklich waren, aber aus Angst vor existenzieller Not niemals gekündigt hätten, waren nun gezwungen, sich etwas Besseres auszudenken, um weiterhin Arbeit zu haben. Und so wurde aus der Krisenzeit gleichzeitig eine Gründerzeit. Während viele wegzogen, um sich auf eine schwierige und endlose Jobsuche im ebenfalls krisengeschüttelten London zu begeben, bauten andere sich ihre Selbstständigkeit auf, die sie unabhängig vom Arbeitsmarkt machte.

Nicht jedem glückte es, aber für viele bedeutete sich unternehmerisch durchzusetzen die Chance, etwas zu schaffen, das sie in ihren alten, ungeliebten Jobs niemals bekommen hätten: Unabhängigkeit, Spaß, Herausforderung und ein Endprodukt, von dem sie selbst überzeugt waren – während andere immer noch panisch versuchten, irgendwo zumindest ein Bewerbungsgespräch zu ergattern, um im Zweifel wieder in einem ungewollten Job zu landen. Auch durch diese prägenden Erfahrungen bin ich überzeugt, dass, egal in welcher misslichen Lage man sich befindet, der Weg in die Selbstständigkeit immer eine Option und immer eine große Chance ist. Die Chance, etwas zu schaffen, das einem in der Welt fehlt.

CREATE
THE THINGS
YOU WISH
EXISTED

Mach mehr selbst!

> »Die besten Ideen verlassen den Kopf über die Hände.«
> – Michael Richter

Wann hast du das letzte Mal etwas selbst gemacht? Etwas selbst erdacht und bis zur Vollendung umgesetzt? Etwas selbst durchführen zu können ist die ultimative Bestätigung der eigenen Unabhängigkeit – angefangen bei Dingen wie Kuchenbacken oder Wohnungsrenovierung bis hin zu unabhängiger Lebensgestaltung. Wer mehr selbst kann, ist weniger abhängig von anderen. Wer mehr selbst macht, ist zudem bereit, sich in die Verantwortung zu nehmen, dass die Dinge funktionieren. Viele Dinge selbst zu machen bedeutet, sich in vielen Dingen auszukennen. Und das bedeutet im Vorteil zu sein gegenüber jedem, der rein konsumierend durch den Alltag geht.

Der heutige Alltag macht uns automatisch zu einem hauptsächlich konsumierenden Teil der Gesellschaft. Wenn man nicht aufpasst, stellt man diese Lebensweise kaum in Frage. Wer aber unabhängig sein will, sollte sich schleunigst überlegen, was er selbst im Angebot hat!

Die Denkweise des Produzenten, der eigene Kreationsprozesse kennt, unterscheidet sich von der eines jeden, der auf fremde Angebote angewiesen ist. Er fragt sich: »Wie macht man etwas?« und »Wieviel ist mir etwas wert?« anstatt: »Wo kann ich das kaufen?« und »Wie billig oder teuer ist etwas?«.

Je mehr man sich vom selbstverantwortlichen Denken, Arbeiten und Handeln entfernt, desto mehr verlässt man sich darauf, dass andere für einen selbst mitdenken. Und je mehr das der Fall ist, mit desto mehr völlig unüberschaubaren Situationen wird man sich konfrontiert sehen. Damit man sich nicht ständig machtlos fühlt oder über die Umstände beklagen muss, ist der beste Weg anzufangen, mehr selbst zu machen. Denn: Wenn du nicht willst, was es schon gibt, musst du selbst ran!

Es ist Zeit, dass wir unser Wissen auch außerhalb von bloßen Angestelltenverhältnissen anwenden und begreifen, dass unsere Jobs zu klein sind für unser menschliches Potenzial. Die vielgenannte freche »Generation Y«, zu der ich selbst angeblich gehöre und über deren Freiheitsansprüche sich alle wundern, hat doch gerade erst angefangen zu merken, was alles geht. Sie ist selbstbewusst, gibt sich wählerisch und akzeptiert nur den coolsten Konzern als Arbeitgeber. Sie fordert Sicherheit und gleichzeitig Freiheit, gutes Gehalt und trotzdem kürzere Arbeitszeiten. Das alles hat aber weder mit Selbstständigkeit viel zu tun noch reicht es als Generationsmerkmal aus.

Soziologen können ihre Schublade also getrost wieder aufmachen. Als echte Weiterentwicklung wünsche ich mir eine neue »Generation Make«, Menschen jeden Alters, die ihre Arbeit und damit ihre Zukunft in die eigenen Hände nehmen. In dem von Sophie Pester und mir gemeinsam verfassten *hello handmade Manifest* steht: »Do-It-Yourself ist eine alternative Art zu denken, zu arbeiten und zu leben.«[26] Es bedeutet, nicht mehr nur in den Heimwerkermarkt zu gehen, sein eigenes Laminat zu verlegen oder sich seine Pullis selbst zu stricken. Das Selbstmachen ist nicht nur eine Tätigkeit, sondern auch eine Haltung. Die Haltung, das eigene Leben selbst zu gestalten.

In der heutigen Dienstleistungsgesellschaft wird es immer wichtiger sich zu überlegen: Was kann ich selbst? Was ist mein eigenes Angebot? Wie kann ich mich von der Abhängigkeit von einem einzigen Arbeitgeber, Auftraggeber oder Kunden lossagen und meine Arbeit selbstbestimmt dort anbringen, wo ich mich am besten entwickeln kann? Das funktioniert nur, wenn man seine Tatkraft und sein Können in etwas ganz eigenes investiert und bereit ist, den Spieß auch einmal umzudrehen. Verbringst du deinen Tag damit, Konsument zu sein, oder hast du selbst auch etwas anzubieten? Verwaltest du fremde Ideen oder gestaltest du eigene?

Für alle Bereiche des Lebens gilt: Je weniger wir selbst machen, desto weniger können wir bestimmte Arbeitsabläufe und Realitäten beurteilen oder gut einschätzen, welcher Wert in der Arbeit steckt. Wie soll man wissen, wie die Welt funktioniert, wenn man sich selbst nichts für sie ausdenkt? Nur wer selbst Hand anlegt, kann die Welt für sich gestalten. Jeder andere wird für immer auf das vorhandene Angebot angewiesen sein. Das gilt eben nicht nur für die Marmelade im Supermarkt, sondern eben auch für die Jobs in den Stellenanzeigen.

Die simple Botschaft ist, dass Schaffen Freude macht und Unabhängigkeit bringt.

> *Um einen tieferen Sinn in der Arbeit zu entdecken, muss man etwas gefunden haben, für das man sich selbst verantwortlich fühlt. Und man findet es nicht, wenn man nie selbst etwas Eigenes schafft.*

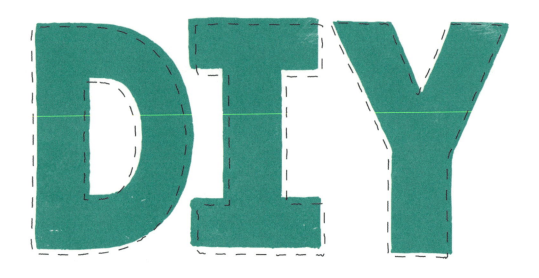

DIY: THE ONLY WAY TO MAKE DREAMS COME TRUE

Finde eine Lösung

Das Attribut »kreativ« ist entgegen weitläufiger Annahme weder auf die Werbebranche noch auf künstlerische Berufsgruppen oder auf irgendwelche anderen offensichtlich kreativen Berufe beschränkt. Die sogenannte »Kreativwirtschaft« ist nicht zwingend als ein großer Verein Superkreativer anzusehen, der sich vom Rest der einfallslosen Arbeitsgesellschaft abhebt.

Ein kreativer Lebensstil zeichnet sich durch seine Individualität aus. Es ist ein alternativer Weg zu dem, der als »konventionell« angesehen wird, jedoch nicht unbedingt ausgeflippt oder künstlerisch sein muss.

Natürlich gibt es Menschen, bei denen die Kreativität »eingebaut« zu sein scheint. Einige können mit einem praktisch leeren Kühlschrank ein Drei-Gänge-Menü zaubern, andere können es sogar mit einem vollen Kühlschrank nicht. Sein langweiliges Leben allerdings mit einem Mangel an eigener Kreativität zu entschuldigen, ist etwas zu einfach. Jedes unbescholtene Gehirn hat die Fähigkeit, schöpferisch zu sein und damit auch zu kreativen Lösungen zu kommen, sagt die Hirnforschung. Viele meinen, unkreativ zu sein, sind sich aber gar nicht im Klaren darüber, was Kreativität alles bedeuten kann! Der Begriff ist schlicht falsch in den Köpfen abgespeichert. Kreativ ist zunächst, wer ein Problem auf eine eigene, originelle Weise löst, einen anderen, möglicherweise besseren Weg findet. Im Alltag begegnen uns doch häufig Situationen, die verbesserungsbedürftig wären. Es gibt viele Dinge, die man einfacher, besser, schöner oder anders machen könnte. Alle meine eigenen Projekte entwerfe ich zunächst für mich selbst. Dabei versetze ich mich aber in die Perspektive des Nutzers. Das hat nichts mit ungeheurer Kreativität zu tun, sondern eher damit, Lösungen zu finden für Situationen, die mir selbst im (Arbeits-)Alltag begegnen. Frage dich: Auf welche Art und Weise würde ich ein Produkt oder eine Dienstleistung gerne umgesetzt haben? Was fehlt mir? Wie würde es mir am einfachsten, besten, schönsten vorkommen? Würde ich das, was ich da anzubieten habe, selbst nutzen wollen? Erfüllt es einen Zweck? Verbessert es meinen Tag, oder ist es »nur« ein weiteres Produkt, das mir die Wohnung vollstellt?

Wenn wir mit unseren Ideen unser eigenes Leben wirklich verbessern können, dann stehen die Chancen hoch, dass sie auch das Leben von jemand anderem verbessern können. Manchen wird das kreativ vorkommen, aber im Prinzip ist es ein Prozess der aktiven Problemlösung. Wer sich selbst immer noch nicht für kreativ hält, der sollte überlegen, wie er sich in brenzligen Situationen verhält. Besonders kreativ scheint man nämlich zu werden, wenn man in eine Notlage gerät. Wer hat nicht schon einmal eine knappe Deadline für ein ziemlich unüberschaubares Projekt gehabt? Dann ist Einfallsreichtum gefragt! Jeder ist kreativ, wenn es nur darum geht, ein Ziel möglichst einfach zu erreichen. Kreativ zu sein bedeutet nicht, möglichst verrückt, sondern möglichst originell und dabei praktikabel zu denken.

Wer sich für einfallslos hält, muss versuchen, sich von seiner »Nein, das geht nicht«-Haltung zu verabschieden und eine »Ja, ich finde eine Lösung«-Haltung zu entwickeln. Die Fähigkeit, Dinge neu denken zu können und in der Konsequenz anders zu machen, ist ein Zeichen für einen kreativen Lebensstil. Sich selbst helfen zu wollen und es auch zu können, wenn das Leben einem Grenzen zeigt.

the REMINDER:

I CAN ALWAYS

LEARN NEW THINGS

AND THINK

NEW THOUGHTS

»WHAT YOU DO EVERY DAY IS MORE IMPORTANT THAN WHAT YOU DO ONCE IN A WHILE«

DAS, WAS DU JEDEN TAG TUST, IST WICHTIGER ALS DAS, WAS DU AB UND ZU TUST

Tun, was man nicht lassen kann

> »Practicing an art, no matter how well or badly, is a way to make your soul grow, for heaven's sake. Sing in the shower. Dance to the radio. Tell stories. Write a poem to a friend, even a lousy poem. Do it as well as you possibly can. You will get an enormous reward. You will have created something.«
> – Kurt Vonnegut

Wenn uns etwas leicht fällt, gestehen wir uns nicht ein, dass es trotzdem Arbeit ist. Irgendetwas haftet der Arbeit an, das sie unangenehm machen muss, damit sie als Arbeit legitimiert wird. Wenn man aber für etwas begabt ist, sind die damit zusammenhängenden Tätigkeiten nie mühsam, sondern werden immer als leicht wahrgenommen. Und genau darauf sollte man aufbauen! Denn dort verbirgt sich die persönliche Kunst.

Ich möchte den Kunstbegriff hier gar nicht erst anfangen zu strapazieren. »Kunst kommt von Können.« Dieses Bonmot gibt einen Hinweis darauf, worauf ich hinaus will. Es geht allerdings nicht nur um das erlernte Können, sondern vor allem um das »eingebaute«.

Der französische Hochseilartist Philippe Petit, dem breiten Publikum bekannt aus der Dokumentation *Man on Wire*, in der sein spektakulärer Drahtseilakt zwischen den beiden Türmen des ehemaligen World Trade Centers dokumentiert wird, antwortete auf die Frage, warum er zwischen den Türmen tanzte, ohne nachdenken zu müssen: »When I see three oranges, I juggle; when I see two towers, I walk!« (Petit 2002, S. 198.) Er braucht keinen speziellen Anlass, das Drahtseiltanzen, das Jonglieren, das Künstler- und Artistsein ist seine Lebensaufgabe. Sein Antrieb kommt von innen heraus. So stark, dass er sich für den »Spaziergang« sogar über das Gesetz hinwegsetzte. Er konnte es nicht *nicht* tun! Insgesamt acht Mal spazierte er in einer Höhe von 417 Metern zwischen den Türmen hin und her, verbrachte fast eine Stunde auf einem Drahtseil, hoch über den Dächern von New York City.

Zugegeben, der Walk zwischen den ehemaligen Twin Towers ist eine Ausnahmeleistung, auf die Petit sich über sechs Jahre vorbereitet hatte, nicht etwas, dass wir alle mal eben performen könnten. Aber darum geht

ART
WORK IS WHERE MEETS LOVE

es nicht. Was zählt, ist, dass die Ausübung der Lebensaufgabe andere Menschen inspirieren und die Grenzen des Möglichen ein Stück weit verschieben kann. Philippe Petit begeistert die Welt, weil er sich dafür entschieden hat, seine Talente zu leben und zu sein, was er nun mal ist, nämlich ein Artist.

Menschen, die ihre Talente nutzen, um ihre persönlichen Träume zu erfüllen, scheinen immer noch zu den »Sonderexistenzen« zu gehören. Abenteurer, Extremsportler und Spitzenunternehmer wie beispielsweise der Gründer der Virgin-Gruppe Richard Branson, der für seinen Idealismus und seine enthusiastische Unternehmermentalität bekannt ist, bewundern wir als Ausnahmefälle. Wenn sie sagen: »Folge deinem Herzen und lebe dein Talent!«, denken wir als skeptische Menschen: »Ja, das *wäre* schön, aber ... ich habe keins!«

Wer erlaubt es sich schon, ungeniert glücklich zu sein? Eigentlich niemand, mit Ausnahme einer besonderen Berufsgruppe: Künstler scheinen es leichter zu haben, ihrem Herzen zu folgen, denn häufig können sie einfach nicht anders. Wenn wir eine neue Arbeitskultur leben wollen, müssen wir den Künstler in uns befreien. Denn letztlich wird man sich nur mit den Dingen wohlfühlen und auch nur die durchsetzen können, die einem wirklich liegen. »The wire is waiting!«,[27] würde Petit vermutlich sagen. Was also hält uns auf?

Jeder Mensch hat Talente, aber nicht jeder nutzt sie, um sich das Leben leichter zu machen. Das Gute an Talenten ist, dass sie jedem bereits in die Wiege gelegt sind. Wir müssen sie uns nicht wie andere Fähigkeiten erst aneignen. Sie gehören zur individuellen Grundausstattung eines jeden Menschen.

Auch wenn man seine Begabungen selbst nicht benennen kann, fällt es einem meistens schwer, sie zu verbergen. Wer zum Beispiel gerne und viel redet, wird auch durch sein unentwegtes Reden auffallen, wer analytisches Talent besitzt, wird, selbst wenn es nichts zu analysieren gibt, keine Situation auslassen, um sie durchzuanalysieren. Häufig werden Talente aber auf künstlerische Fähigkeiten beschränkt wahrgenommen. Wenn jemand wunderschön zeichnen oder großartig singen kann, gilt er als talentiert, und niemand stellt die Begabung infrage. Wenn man selbst nicht zeichnen oder singen kann und auch sonst nichts Außergewöhnliches drauf hat, hält man sich für untalentiert. Dabei kommt es nur darauf an, den eigenen Begabungen gerecht zu werden – egal auf welchem Gebiet sie sich befinden.

Unter den eigenen Möglichkeiten zu bleiben bedeutet immer auch, seine Talente zu verkennen. Und deshalb sollten wir mehr auf unsere Begabungen setzen und auf diese Art und Weise die Welt durch unsere persönliche Kunst bereichern. In der Antike wurde der Begriff »Talent« für eine Währung benutzt.[28] »Sein Talent in die Waagschale werfen«, also das einzusetzen, was man kann, ist in der konventionellen Arbeitswelt unwichtig geworden.

In der Arbeitswelt wird kaum nach echten Talenten gefragt. In einem Bewerbungsgespräch geht es ausschließlich darum, geeignete Fähigkeiten vorweisen zu können. Teamfähigkeit, Belastbarkeit, souveränes Auftreten, Führungsstärke sind alles Dinge, die man vorgeben kann zu haben. Ein echtes Talent müsste dem Personaler aber eigentlich im Gespräch sofort auffallen – wenn es ihn denn interessieren würde. Und wenn der Bewerber nicht so darauf versteift wäre, sich so zu präsentieren, wie es in der Stellenbeschreibung verlangt wird. Arbeit, die das Talent nicht berücksichtigt, kann nur frustrieren. Wie lange können wir unsere Individualität am Arbeitsplatz verstecken, und warum sollten wir es überhaupt? Das traditionelle System sucht zwar ständig nach »Top-Talenten«, lässt tatsächlich aber kaum Freiraum dafür! Wer allzu individuell auffällt, wird es nicht leichter, sondern schwerer haben in der gewollten Konformität der Arbeitsgesellschaft. Vielen gelingt es daher, ihre echten Talente ein ganzes Arbeitsleben lang anderen Pflichten unterzuordnen.

Damit dir das nicht passiert, solltest du dich mutig fragen: Was ist die Arbeit, die ich nicht lassen kann? Die Tätigkeiten, für die Menschen dir danken, für die sie extra zu dir kommen, weil sie wissen, du bist die Idealbesetzung dafür, dort liegt deine persönliche Begabung. Auf diese Gabe (das, was uns *gegeben wurde,* aber auch das, was wir *geben!*) kannst du dich verlassen. Sie ist dazu da, deine Welt interessanter, bunter, lebendiger und reicher zu machen. Sie nicht zu gebrauchen gleicht einem Jumbojet, der nur auf dem Rollfeld spazierengefahren wird und niemals abheben darf. Ich selbst war in verschiedenen Jobs nicht unzufrieden, weil sie mir zu viel abverlangten, sondern weil sie mir nicht erlaubten, genug von mir zu *geben.* Aber nur dort, wo wir etwas von uns geben können, sind wir richtig und können etwas von Bedeutung schaffen.

You are the artist

Wie geht nochmal das »echte« Leben?

»Wer nicht auf seine eigene Art denkt, denkt überhaupt nicht.«
– Oscar Wilde

Wer schon einmal einem Menschen begegnet ist, der durch seine Echtheit, seine Einstellung und das, was er tut, beeindruckt hat, der weiß auch, welche Wirkung solche Menschen auf andere haben. Sie haben eine Aura, in der wir uns gerne aufhalten. Wir fühlen uns inspiriert. Und zwar meist durch das authentische Auftreten und die interessanten Entscheidungen, die diese Menschen in ihrem Leben getroffen haben. Egal wen ich in den letzten Jahren danach gefragt habe, welche Arbeit das Leben bereichert, jeder betonte, dass sie authentisch sein müsse. Man müsse den Mut haben, seiner Arbeit eine eigene Handschrift zu geben. Etwas tun, das einem wirklich entspricht, anstatt etwas darstellen zu müssen, das man nicht ist. Selbsterkenntnis und Authentizität sind demnach die Vorausetzungen dafür, etwas tun zu können, das sich »echt« anfühlt und unverwechselbar ist.

Jeder Mensch ist einzigartig. Doch warum fällt es so vielen schwer, sie selbst zu sein? Die Antwort ist: Weil sie Angst haben, so, wie sie sind, nicht akzeptiert zu werden. Darf man eigentlich überhaupt noch irgendwo man selbst sein? In der Natur kommt der am besten Angepasste durch. Das gilt eben auch für die Arbeitswelt. Wer bezahlt einen schon dafür, »einfach man selbst zu sein«? Wer mit dieser Erkenntnis ins nächste Jobinterview, Kundengespräch oder Teammeeting geht, wird feststellen: Wer weiter kommen will, verstellt sich am besten die ganze Zeit.

Aber insgeheim spürt jeder: Alles, wobei man sich verstellen muss, kann langfristig nicht richtig sein. Der richtigen Umgebung angepasst zu sein ist etwas anderes, als Energie darauf zu verschwenden, sich einer falschen anpassen zu müssen. Wenn wir uns nicht ständig verbiegen wollen, sollten wir die Umstände, unter denen wir authentisch arbeiten können, sehr genau erforschen. Der Schlüssel zum Erfolg ist vielleicht nicht, wie viele Ratgeber es vorschlagen, »außergewöhnlich anders« zu sein, sondern den Mut zu haben, mal gelassen man selbst zu sein. Mit eigener Stimme zu sprechen. Das ist nämlich wirklich außergewöhnlich.

Wir leben in einer Gesellschaft, in der wir uns über den Job definieren – was aber ist, wenn der uns falsch definiert? Arbeit an sich ist nicht immer besonders identitätsstiftend. Ist es nicht sogar genau andersherum? Nicht über unsere Arbeitsleistung definiert sich unsere Identität, sondern unsere Leistung definiert sich über das sinnvolle Wirken unserer Persönlichkeit. Ich definiere mich nicht über meinen Job, sondern darüber, wer ich bin. Wer ich bin, zeigt sich in den Entscheidungen, die ich treffe. Und in den Entscheidungen, die ich treffe, zeigt sich, was ich tun will. Im idealen Fall ist es also andersherum! Nicht mein Job definiert meine Persönlichkeit, sondern meine Persönlichkeit definiert meine Arbeit. Identität stiftet Arbeit, nicht umgekehrt. Und darum kann man es als aufrechter Mensch auch nicht lange dort aushalten, wo man seine Energie nicht richtig einsetzen kann.

Auch ich fühlte mich lange Zeit deplaziert. Aber ich muss eingestehen, unschuldig war ich an meiner Situation nicht, schließlich hatte ich mich durch das Einschlagen eines bestimmten Weges dazu entschieden, jemand zu sein, der ich nicht bin. Oder besser gesagt, mich nicht zu trauen, die zu sein, die ich wirklich bin. Wie genau das passiert ist, ist im Nachhinein einfach zu rekonstruieren: Mir war nichts eigenes eingefallen. Und so wie ich begeben sich viele freiwillig in die Abhängigkeit von Konzernen und Karrieren, die mit ihnen nichts zu tun haben. Diese statten uns mit allem aus, was wir für das »schöne Leben« so brauchen. Sie versorgen uns mit Annehmlichkeiten, damit wir ihnen auch Unterforderung und Austauschbarkeit nicht so übel nehmen und trotzdem bleiben. Sie wiegen uns in Sicherheit, versprechen uns Status, Sozialversicherung und Karrierechancen. Ganz nebenbei nehmen sie uns allerdings die wichtigsten Entscheidungen des Lebens ab, wie etwa: Womit möchte ich meinen Tag verbringen? Und wohin kann ich mich entwickeln?

Hinzu kommt, dass es alle so zu machen scheinen. Wir haben die Angewohnheit, uns ständig mit anderen zu vergleichen. Zweifelsohne ist es nicht so einfach, stets wohlwollend bei sich selbst zu bleiben und gelassen in sich zu ruhen. Um sich von der schlechten Angewohnheit des Sich-Vergleichens freizumachen, muss man aufhören, wertend oder neidisch auf andere zu schauen. Denn die Zeit, die man damit verbringt, andere zu bewerten, verbringt man nicht damit, sich selbst weiterzuentwickeln. Wer Interesse hat, etwas eigenes zu machen, der schaut, dass er nicht Mitläufer fremden Erfolges ist, sondern weiß, worin sein persönlicher Erfolg liegt.

Glücklich schätzen kann sich jeder, der dem Druck der Leistungsgesellschaft und dem aufgezwungenen Wettbewerb der Eitelkeiten in allen Lebensbereichen widerstehen kann. Anderen Menschen ihren Erfolg zu gönnen und konsequent den eigenen Weg zu verfolgen, ist die konstruktivste Fähigkeit, die man für ein authentisches Arbeiten besitzen kann. Vorbilder zu haben ist okay, aber jemand anderen kopieren zu wollen ist absurd. Andere nachzumachen bedeutet, weder seiner eigenen Einzigartigkeit noch der des Kopierten gerecht werden zu können. Welch Energieverschwendung! Und ein sicheres Mittel, etwas zu tun, das einem nicht entspricht.

Angst vor Ideendiebstahl haben vor allem Menschen, die selbst nicht von ihrer Idee überzeugt sind. Und zwar, weil nicht genug von ihnen selbst darin steckt! Wer sich voll und ganz in sein Tun begibt und sich auf seine Stärken verlässt, der schafft Einzigartiges. Viele Menschen mögen ähnliche Stärken und Interessen haben, aber haben sie auch die gleichen Prioritäten und die gleiche Leidenschaft? Den gleichen ästhetischen Anspruch, die gleichen Werte und die gleiche Vision? Je authentischer die Arbeit, desto weniger ist sie ein Job. Und desto weniger austauschbar ist sie auch.

Um etwas wirklich Eigenes hinzubekommen, muss man sich selbst gut kennen. Das Problem ist, dass man sich nie richtig kennen lernt, wenn man sich nicht traut, nach eigener Vorstellung zu leben. Dazu ist es wichtig, Zeit mit sich selbst zu verbringen. Nur wenn man sich nicht ständing ablenken lässt, spürt man, auf welche Weise man sich selbst als Person ausdrücken möchte. Unabhängig davon, was man versucht, für andere darzustellen. Auch wenn es nicht immer angenehm ist, muss man sich die Zeit nehmen und den Aufwand betreiben, sich selbst kennen lernen zu wollen. Warum? Ganz einfach: Wer nicht weiß, wer er ist, der kann sich auch nicht verwirk-

COMPARISON

COMES FROM

THE

DEVIL

lichen. Man braucht dazu die Kenntnis der eigenen inneren Einstellung und den Wunsch, etwas davon über sein Tun lebendig zu machen.

Der zeitgenössische »Authentizitätswahn« setzt die Menschen nur noch mehr unter Druck, anstatt sie wirklich sie selbst sein zu lassen. Menschen, Marken, Politik und natürlich auch Unternehmen sollen authentisch sein. Authentizität als *Funktionsweise* führt das Ideal natürlich ad absurdum. Aber wie ist man denn nun authentisch? Und warum ist das so schwer?

Die Sozialpsychologen Michael Kernis und Brian Goldman bieten eine interessante Theorie an. Sie unterscheiden vier Bedingungen, die erfüllt sein müssen, damit man sich selbst als authentisch erlebt:

- Bewusstsein: Ein authentischer Mensch muss seine Stärken und Schwächen ebenso wie seine Gefühle und Neigungen kennen. Erst durch den Willen und die Fähigkeit zur Selbstreflexion ist er in der Lage, sein Handeln bewusst zu erleben und zu steuern.

- Ehrlichkeit: Hierzu gehört die Ehrlichkeit zu sich selbst, die realen Umstände anzunehmen und auch unangenehme Einsichten zu akzeptieren.

- Konsequenz: Ein authentischer Mensch handelt nach seinen Werten, Wünschen und Bedürfnissen. Er steht zu seinen Prinzipien, auch wenn die gesetzten Prioritäten ihm zum Verhängnis werden könnten. Der authentische Mensch steht damit im Gegensatz zum Opportunisten.

- Aufrichtigkeit: Authentizität beinhaltet die Bereitschaft, seine negativen Seiten nicht zu verleugnen und damit wahrhaftig zu sich selbst zu stehen. (Vgl. Kernis; Goldmann 2006.)

Neben dem Problem, nicht immer ehrlich zu sich selbst sein zu können (vgl. Kapitel *Folge deinem Herzen*), ist das größere Problem wohl die Konsequenz. Wirklich konsequent seinen Weg zu gehen und nicht unterwegs zu vergessen, wofür man eigentlich immer gestanden hat, wird in einer Zeit, in der sich niemand mehr verbindlich festlegen möchte, immer schwerer. Etwas in letzter Konsequenz zu leben, etwas wirklich umzusetzen, das ist Arbeit, die lebendiger macht, weil sie wirklich herausfordert.

Lebendig zu sein bedeutet nicht, einfach sorglos und happy zu sein. Es beinhaltet ebenso intensive, unangenehme Gefühle wie zum Beispiel Erschöpfung und Angst. Zur Persönlichkeitsentwicklung gehört sehr entscheidend auch die Fähigkeit, sich diesen Emotionen zu stellen. An ihnen kann man verzweifeln, aber auch wachsen, denn sie fordern jeden von uns heraus, unsere persönlichen Kräfte zu mobilisieren. Was dabei hilft, stark zu bleiben, ist vor allem eins: eine Haltung. Die bekommt man, wenn man sich traut, selbstständig zu denken, eigene Schlüsse zu ziehen und konsequent zu ihnen zu stehen. Und authentisch zu leben bedeutet, auch authentisch zu arbeiten.

Häufig werden irgendwelche Karrieren verfolgt, weil die Angst zu groß ist, die eigenen Träume zu verfolgen. Wenn das, was wir machen, mit unserer Persönlichkeit im Einklang steht, arbeiten wir authentisch. Wenn das nicht der Fall ist, wird das Resultat der Arbeit uns selbst niemals gerecht werden können.

THE WAY I DO IT IS THE WAY I DO IT

Busy is the new happy?

>»Es ist der Alltag, der uns fertig macht.«
>– Anton Tschechow

Ich erinnere mich an eine Situation, in der ich lax behauptete, »busy« wäre »the new happy«. Viel beschäftigt zu sein ist etwas Großartiges, wenn man weiß, wofür man arbeitet, und den entsprechenden Schwung mit einbringen kann. Eine Freundin entgegnete mir darauf, dass sie es hasse, ständig etwas um die Ohren zu haben. Für sie war der Begriff »busy« gleichbedeutend mit Stress, der sie wiederum an das Büro erinnerte. Außerdem müsse sie noch die Freizeit und die Kinder unter einen Hut bekommen, besser gesagt organisieren, denn nichts würde sich von alleine regeln. Diese Unterhaltung ist ein gutes Beispiel dafür, wie unterschiedlich man Arbeit bewertet, je nachdem, ob sie selbstgewählt oder fremdbestimmt ist.

Wer einmal um sich schaut, bemerkt, dass alle immer fürchterlich beschäftigt sind oder glauben, es sein zu müssen. Zumindest im modernen Großstadtleben sind alle immer im Stress. Sogar Kinder haben neuerdings Stress. Egal ob wir bei der Arbeit sind oder nicht, auch die Freizeit bedeutet Stress. Büro – Stress. Urlaub – Stress. Kinder – Stress. Sprachkurs – Stress. Diätprogramm – großer Stress, jetzt muss man auch noch wissen, was man alles nicht essen wird! Wenn sogar der Yogakurs schon Stress bedeutet, dann ist das Leben so richtig prall ausgefüllt, und man fühlt sich zwar matt und matter, aber gesellschaftlich irgendwie erfolgreich. Denn alle machen schließlich Yoga, Urlaub und Diät! Und das alles neben dem stressigen Job. Die Gewerkschaft IG Metall fordert für die gestressten Arbeitnehmer der Republik sogar eine »Anti-Stress-Verordnung«[29] – als ob ein realer Arbeitstag der Gegenwart sich nach Industriezeitalterlogik verreglementieren ließe.

Kannst du abschalten? Das ist eine Frage, die mir häufig gestellt wird. Die Leute glauben, ich müsse einen wahnsinnig stressigen Alltag haben. Dabei habe ich mir mein Leben weitgehend stressfrei gestaltet. Beschäftigt sein ist nicht gleich Stress. Es macht einen riesigen Unterschied, ob man sich seine Arbeit gemäß seinen Interessen selbst ausgesucht hat oder nicht.

Negativer Stress entsteht erst, wenn die Dinge außerhalb der eigenen Gestaltungsmöglichkeiten ablaufen. Wenn man nichts für sich selbst tut, sondern alles immer nur im Auftrag anderer. Getrieben und eingeengt durch Deadlines, Vorschriften und unter Zeitdruck. Wenn enge Handlungsspielräume und Zugzwang bestehen oder Perfektionismus das eigene Handeln bestimmt, man also immer glaubt, noch besser sein zu müssen. In die »Fleißiges-Lieschen-Falle« kann man leicht geraten, denn sie vermittelt einem das trügerische Gefühl, irgendwie wichtig zu sein, kompetent und immerhin zuständig. Man muss sich aber trauen zu fragen, für wen wichtig, worin kompetent und wofür zuständig! Und wenn die Antworten darauf nicht glücklich machen, dann ist es an der Zeit loszulassen. Tatsächlich dient das hektische Arbeiten sehr gut als Betäubungsmittel gegen das *sinnvolle* Arbeiten. Chronisch beschäftigte Leute rennen und rennen und kommen niemals irgendwo an. Würden sie anfangen, sich mit bedeutungsvoller Arbeit zu beschäftigen, könnten sie es auch aushalten, mal einen Tag auf dem Sofa zu liegen und das Leben zu reflektieren. Im Leben sollte sich nicht alles um Arbeit drehen. Aber die Arbeit sollte sich um zentrale Fragen des Lebens drehen. Prioritäten setzen bedeutet: tun, was von Bedeutung ist – und alles andere konsequent nicht tun! Denn nur so kann man sich auf das konzentrieren, was wirklich zählt. Man muss aufhören, sich zu wichtig zu nehmen, aufhören zu glauben, man müsse immer erreichbar und überall dabei sein. Ein neues Verständnis von Arbeit zu haben bedeutet gerade nicht, ständig »Alibi-busy« zu sein, sondern den Unterschied zu kennen zwischen sinnfreier und sinnstiftender Arbeit. Ein *ge*fülltes Arbeitsleben macht noch lange kein *er*fülltes Arbeitsleben!

SOME THINGS ARE NOT IMPOR

»When you do what you love everyday, if you get up and you're excited about what you do, it's good for everyone«

Wenn deine Arbeit dich begeistert, kann sie auch andere begeistern

»Workaholic« ist eine Beleidigung

»Müde macht uns die Arbeit, die wir liegenlassen, nicht die, die wir tun.«
– Marie von Ebner-Eschenbach

Was überhaupt nichts mit fröhlicher Wertschätzung der eigenen Arbeit zu tun hat, ist die vollkommen übertriebene, keine Limits kennende Arbeitssucht. Wenn ihr Ego entweder zu klein oder zu groß ist, versuchen einige Leute, ihre Defizite über das zwanghafte Abarbeiten von Aufgaben auszubügeln oder sich so in den Vordergrund zu arbeiten. Wer ständig mit seinem Arbeitspensum und seiner Produktivität angeben muss, hat offensichtlich nicht tatsächlich etwas Wesentliches zu tun.

Aus irgendeinem unverständlichen Grund feiert unsere Gesellschaft Workaholics. Wer am längsten im Büro bleibt und daran fast zugrunde geht, ist der Held der Arbeit. Der Überstundenfetzer macht Menschen, die pünktlich nach Hause gehen, ein schlechtes Gewissen und suggeriert ihnen ein Gefühl der Unzulänglichkeit – möglicherweise ohne es zu wissen, möglicherweise auch ganz gerne. Dabei sind es eigentlich die Workaholics, die den Sinn der Arbeit überhaupt nicht verstanden haben.

»Work smart« anstelle von »work hard« sollte unser Motto sein! Zu guter Arbeit gehören auch vernünftige Ruhepausen und Erholungsphasen, in denen man sich treiben lässt. Jeder schöpferisch arbeitende Mensch weiß, man kann nichts Anständiges zustande bringen, wenn man sich ständig unter Druck gesetzt fühlt. Damit man überhaupt bedeutende Arbeit leisten kann, muss man ausgeruht und aufnahmefähig sein.

Das Phänomen Burnout, das von einigen Ärzten schon längst als Modediagnose entlarvt und von vielen Psychologen weitaus aufschlussreicher als Depression bezeichnet wurde, ist nicht das Resultat von zu viel Arbeit – es ist das Resultat von zu viel der falschen Arbeit. Häufig steht die Diagnose Burnout nicht nur für einen überfordernden Arbeitsalltag, sondern auch und vor allem für eine Überforderung mit dem gesamten Lebensentwurf. Eine Lebensdepression, die sich eben auch in die Arbeit ausweitet. Manche sagen, Arbeit dürfe man nicht überbewerten. Das ist eine sehr leichtfertige Aussage, wenn man bedenkt, dass der falsche Umgang mit ihr derart üble

WORK
smart
and
PLAY
more

Auswirkungen haben kann. Warum nur haben wir solche Hemmungen, uns mit Dingen zu beschäftigen, die wir gerne tun?

Jeden Tag muss man sich entscheiden zwischen »muss ich tun« und »möchte ich tun«. Gegen Erschöpfungszustände sind auch Menschen, die ihre Arbeit lieben, nicht gefeit. Wer brennt, kann auch ausbrennen. Ist es doch ungesund, der Arbeit so viel Bedeutung beizumessen? Ich glaube nicht. Entscheidend ist, sich dabei nicht fremdbestimmen zu lassen. Menschen brennen innerlich aus, wenn sie die Geschwindigkeit ihres Lebens nicht mehr selbst kontrollieren können, wenn der Job sie an das Steuer zwingt, sie aber nicht wissen, wohin sie eigentlich rasen.

Das beste Mittel gegen »Hurrysickness« und »Burnout« besteht darin anzufangen, bestimmt »Nein!« zu sagen. Nein zu einem Leben, das andere von uns erwarten. Nein zu Karrierebildern, die uns in Wirklichkeit unsinnig oder fremd vorkommen. Nein zu sagen zu einer Gesellschaft, die Workaholics zelebriert und uns vor die Entscheidung stellt: entweder beruflicher Erfolg oder Zeit für die Familie. Als selbstbestimmter Mensch hat man immer die Option, Nein zu sagen. Nein zu anderen zu sagen bedeutet, Ja zu sagen zu sich selbst. Es ist eine unternehmerische Stärke, Aufträge, Kooperationen und Deals entschieden abzusagen, wenn sie nicht der eigenen Vision, den eigenen Zielen und den eigenen Werten entsprechen und tatsächlich gar nichts außer materiellen Vorteilen bringen. Auch wenn man das Geld vielleicht dringend braucht, sollte man den Mut haben, Nein zu sagen, und das Vertrauen, dass eine falsche Tür zuzuschlagen bedeutet, Energie zu erzeugen dafür, eine neue, richtige Tür öffnen zu können.

Wie man ein glückliches Leben führen kann, versucht die Wissenschaft schon lange zu ergründen. Aber Glücksforschung hin oder her, brauchen wir wirklich die Wissenschaft, um für uns zu legitimieren, was unser Leben reich macht? Immer unbelastet und frei von Druck zu sein hilft uns vielleicht nicht wirklich im Leben. Überhaupt nicht mehr zu arbeiten ist sicher nicht die Lösung. Wer intensiv leben will, braucht Inhalte und Herausforderungen. Der zerstörerische Hang zum Perfektionismus, nagende Existenzängste oder die Karriereleiter, die sich beim Heraufsteigen als Hamsterrad entpuppt, sind es, die uns kaputt machen.

Wer vergisst, dass keine Deadline wichtiger ist als Freundschaft, Beziehungen und die eigene Familie und dass kein Arbeitsplatz und keine Firma diese je ersetzen können, der hat andere Probleme als nur den falschen Job. Die richtige Arbeit dagegen findet im Einklang mit den wesentlichen Dingen des Lebens statt. In der konventionellen Arbeitswelt, in der Arbeitnehmer vollkommen auf die Ausgestaltung ihres Arbeitsplatzes durch den Arbeitgeber angewiesen sind, wird darauf keine Rücksicht genommen. Also müssen die Arbeitsstrukturen im Zweifel neu entworfen werden.

Es ist eine wahre Leistung, seine Lebensenergie nicht in die falschen Dinge zu stecken.

NO TO OTHERS MEANS "YES" TO YOURSELF

Deine Arbeit ist ein Geschenk

»In the particular is contained the universal.«
– James Joyce

Die wenigsten würden wohl behaupten, dass ihre Arbeit etwas ganz besonders Wertvolles wäre. Wenn du die richtige Arbeit für dich gefunden hast, erweist sie sich jedoch im doppelten Sinne als Geschenk. Erstens, weil sie dir selbst mehr gibt als sie nimmt, zweitens, weil sie anderen etwas geben kann. Deine Arbeit ist dein Geschenk an die Welt. Welches Geschenk willst du ihr also machen?

Es ist eine Kunst, sich von alten Strukturen zu befreien, wenn nicht nur Behörden und Politik noch in einer anderen Zeit leben, sondern auch die meisten Menschen in deiner Umgebung bei Arbeitsmodellen abseits der Vollzeitanstellung nur müde mit den Achseln zucken. In Wirklichkeit ist es so, dass die Mühlen der Konvention eben sehr langsam mahlen. Wer am Ende das zukunftsfähigere Modell lebt, wird sich zeigen. Pionierarbeit ist eben immer schwierig.

Es geht hier nicht bloß um eine Erkundungsphase, sondern im besten Fall um das Finden eines generellen Lebensstils.

Wir alle können zu einer Inspirationsquelle für andere werden, und zwar ohne lautes Getöse, einfach, indem wir uns selbst in die Verantwortung nehmen, etwas Geistreiches zu machen. Die Frage, was er aus seinem Leben machen soll, hat sich jeder von uns wahrscheinlich schon einmal gestellt. Die Frage, die sich dagegen kaum jemand stellt, ist: »Was macht mein Leben mit der Welt?« Menschen, die für ihre Sache brennen, leuchten weit über ihren eigenen Wirkungskreis hinaus und sind auf diese Weise immer auch Sinnstifter für viele andere.

Die Entscheidung, etwas leidenschaftlich umzusetzen, eröffnet auch anderen neue Horizonte. Sich konsequent Arbeit zu gestalten, die Spaß und Unabhängigkeit verspricht, ist tatsächlich kein egoistischer Ansatz. Ganz im Gegenteil. Wer sagt: »Ich kann mein Leben verändern und etwas von Bedeutung aufbauen«, leidet nicht zwangsläufig an einer narzisstischen Persönlichkeitsstörung oder Größenwahn, sondern hat zunächst einmal eine positive Haltung zu den eigenen Möglichkeiten. Wir können durch unsere tägliche Arbeit zu einer enormen Veränderung der Umstände beitragen. Wer seine Arbeit mit Liebe tut, leistet immer auch einen wertvollen Beitrag für die Gesellschaft.

Wenn wir unsere persönliche Geschichte erzählen und tun, was uns bewegt, dann wird es auch all diejenigen bewegen, die unsere Arbeit sehen. Die erfüllendste Arbeit ist die, die aus ehrlichem, persönlichem Enthusiasmus entsteht. Die zunächst vielleicht nur dem unmittelbaren Umfeld dienlich sein sollte, sich dann aber für viele als hilfreich erweist.

In London lernte ich die Jungs von *Escape The City* (Escapethecity.org) kennen. Die Briten Rob Symington, Dom Jackman und Mikey Howe fühlten sich nicht wohl in ihren Karrieren der Londoner Finanz- und Unternehmenswelt. Ihnen ging es wie vielen in der Branche – sie waren frustriert von ihren Jobs, wurden über ihre tägliche Arbeit zu Knechten der abstrusen Finanzwelt. Es fehlte ihnen eine erfüllende Aufgabe, sie wollten etwas ganz anderes aus ihren Leben machen, etwas Aufregendes jenseits des Mainstreams.

Ihnen fiel auf – sie waren nicht allein! Tatsächlich schien es sogar den meisten jungen Leuten um sie herum so zu gehen. Überall in ganz England sitzen junge Menschen desillusioniert in Pubs und unterhalten sich darüber, wie furchtbar ihre Arbeit ist und wie alternativlos sie sich fühlen. Und nicht nur in England geht es jungen Menschen so, sondern tatsächlich besteht das Problem weltweit. Also gründeten die beiden 2009 eine Online-Plattform für Karrieren und Abenteuer abseits des Mainstreams. Sie holten außergewöhnliche Arbeitgeber an Bord und schrieben andersartige Stellen aus, die Augen und Herzen öffnen für die Vielseitigkeit der Arbeitswelt. Was als Stellenbörse für außergewöhnliche Jobs begann, ist heute die populärste Plattform und Community für Alternativkarrieren und Start-up-Kultur Europas. Für über 100 000 Menschen sind sie Anstoß, sich auch auf ihr persönliches Abenteuer zu begeben und nicht weiterhin als kleines Rad in der Maschinerie der konventionellen Unternehmenswelt unterzugehen. Ihr Motto ist: »Do something different!«

Das Angebot der Seite umfasst heute weit mehr als nur alternative Stellenanzeigen. Die Jungs haben heute selbst ein Mitarbeiterteam und organisieren im Rahmen ihrer eigenen »Escape-School« Workshops, die Menschen den Start in ein neues berufliches Leben erleichtern soll. Dom, Rob und Mikey fehlte eine Aufgabe, die sie erfüllte, und so schufen sie sich etwas, das vielen tausend anderen auch gefehlt hat. Mit der Entscheidung, diesen Ort für sich selbst zu schaffen, öffneten sie vielen die Tür in ein neues Arbeitsleben.

Deine wahre Arbeit besteht nicht aus irgendwelchen sinnfreien Jobs, die du für eine beliebige Firma erledigst. Frage dich: Was ist Arbeit, die dich mehr erfüllt als auslaugt, und womit kannst du dir und der Welt eine Freude machen?

Auf den eigenen Weg vertrauen

»Um ein Leben voller Kreativität zu leben,
müssen wir unsere Angst vor dem Versagen ablegen.«
– Joseph Chilton Pearce

Ich unterhalte mich oft mit Menschen, die den Mut gefasst haben, sich von einem ungeliebten Job zu verabschieden. Sie haben beispielsweise den Arbeitgeber zugunsten einer sinnvolleren Aufgabe gewechselt und sind dafür große Kompromisse eingegangen. Nun befinden sie sich in einer schwierigen Phase und fragen mich, wie sie diese bewältigen können. Dann weise ich sie unermüdlich auf eines hin: Es ist wichtig, sich eine persönliche Entwicklung mit Höhen und Tiefen zuzugestehen und dem weiteren Lauf der Dinge zu vertrauen. Manchmal kann man nichts tun, außer seine Arbeit weiter gut zu machen. Nicht immer erfüllt sich der Anspruch, von selbst ausgesuchter Arbeit auch leben zu können, von Anfang an. Nicht immer lässt sich ein großer Traum hundertprozentig erfüllen. Nicht immer macht es Spaß, sein eigener Arbeitgeber zu sein.

Egal was man tut, man wird immer wieder vom Leben auf die Probe gestellt. Manchmal scheinen uns die Umstände sagen zu wollen: »Dein Traum wird sich nicht erfüllen lassen.« Alle Bemühungen scheinen dann vergebens zu sein. Die gute Nachricht ist: Es ist niemals so hoffnungslos, wie es aussieht! Die weniger gute Nachricht ist: Es ist auch meist nicht so einfach, wie es aussieht. Auf Höhen folgen Tiefen. Manchmal scheint das tiefe Tal sich ewig auszudehnen. Wenn man dann anfängt, mit sich zu diskutieren, dann weiß man früher oder später selbst nicht mehr, woran man noch glauben soll.

Wenn du in so einen Konflikt gerätst, ist es vor allem wichtig, zuversichtlich zu bleiben und den Humor nicht zu verlieren. Ernst nehmen sollte man, was man tut, sich selbst aber nicht zu sehr. Mit Humor gewinnt man jeden Kampf. Manchmal muss man in Kauf nehmen, dass Entscheidungen notwendig sind, die eine deutliche Richtungsänderung bedeuten. Eine starke Überzeugung zu haben ist grundsätzlich gut, trotzdem sollte man nicht mit all seinen Ideen verheiratet sein. Eine reife Persönlichkeit zeichnet sich auch dadurch aus, die eigenen Positionen abwägen zu können.

Wenn man sich mit Widerständen konfrontiert sieht, sollte man sich an das erinnern, wofür man arbeiten möchte. Dann ist es leichter, stimmige Wege zu finden, die eine Verwirklichung dieses Wunsches unterstützen. Die Kunst, die man beherrschen muss, ist, »Wachstumsschmerzen« von anderen Widerständen unterscheiden zu können und zu wissen, wann es richtig ist, etwas zu durchkämpfen, und wann es besser ist, loszulassen und einen anderen Weg zu gehen. Der bequemste Weg ist sicher nicht immer der richtige. Solange man nach Abkürzungen sucht, kommt man nirgends an.

Das Scheitern ist in Deutschland wohl eines der allerschlimmsten Schreckgespenster, es wird einerseits als ultimative Blamage und andererseits als Vorstufe des sozialen Abstiegs angesehen. In keinem anderen Land, in dem ich bisher gearbeitet habe, spürte ich bei den Menschen so große Furcht vor dem Neuen und so viel Skepsis gegenüber eigenen Vorhaben. Viele haben Angst, mit ihren couragierten Plänen gegen die Wand zu rennen und zum Gespött der anderen zu werden. Diese Angst ist meist unbegründet, denn das »Ende unter der Brücke«, das viele fürchten, ist relativ unwahrscheinlich; dennoch ist sie typisch für ein Land, das für jede Eventualität vorsichtshalber eine Versicherung anbietet. Was uns hierzulande gut stehen würde, sind eine höhere Fehlertoleranz und eine größere Offenheit gegenüber neuen Herangehensweisen. Es ist Zeit, die »German Angst« endlich hinter sich zu lassen.

Das Horrorszenarium des sozialen Abstiegs lässt sich vermeiden, indem man sich weder hoffnungslos verschuldet noch den alten Job überstürzt kündigt, sondern stattdessen Schritt für Schritt in ein neues Leben aufbricht. Dafür gilt vor allem eine Regel: offen sein für alles, was als nächstes kommt. Scheitern gibt's einfach nicht, fertig! Was bedeutet schon Scheitern?

Bei Veränderungen sollte man immer davon ausgehen, dass man sich durch sie verbessern kann. Nicht, dass alles durch sie immer schlechter wird. Entweder, man ist offen dafür, etwas zu lernen, oder nicht. In jedem

Fall wird man dazulernen. Selbst wenn man zwischendurch zum »Meister seiner persönlichen Katastrophe« werden sollte, so braucht man sich vor niemandem zu rechtfertigen oder gar zu schämen, etwas probiert zu haben. Die Frage ist doch: Wer ist letztlich mehr gescheitert? Jemand, der sein Leben an eine Karriere verkauft und jeden Tag unter seinen Möglichkeiten geblieben ist, oder jemand, der seinen Lebenstraum zumindest in Angriff genommen hat? Zurück in einen lahmen Job und damit zu alten Problemen kann man immer. Warum etwas Besseres nicht wenigstens versuchen?

»Vielleicht klappt es nicht.« Dieser Zweifel ist tatsächlich sehr ernst zu nehmen. Denn er plagt wohl jeden, der am Anfang eines wirklich bedeutenden Projekts steht. Tatsächlich wird es immer wieder Situationen geben, in denen man seine Eignung dafür in Frage stellt. Selbstzweifel gehören zu jeder Entwicklung dazu. Daher ist es so wichtig, sich auf das Sinnstiftende in der Arbeit zu besinnen und das Ziel, das man erreichen will, nicht aus den Augen zu verlieren. Wenn wir etwas nicht verstehen, reagieren wir oft mit Angst. »Vielleicht klappt es nicht« bedeutet gleichzeitig: »Ich wünsche mir so sehr, dass es klappt«, und je stärker wir es spüren, desto sicherer können wir sein, dass wir an dieser Aufgabe wachsen können.

Menschen, die mehr vom Leben wollen, brauchen die Zuversicht, dass sich trotz Ungewissheit persönliche Erfolge erzielen lassen. Der Anspruch, alles planen zu wollen, steht im Gegensatz zu den Realitäten, mit denen man sich als selbstbestimmt arbeitender Mensch konfrontiert sieht. Die Kraft zu haben, Dinge anzuschieben und offen zu sein für das, was dann passieren wird, verlangt nach großer Überzeugung und Zuversicht; und das muss im Zweifel als Basis für Entscheidungen ausreichen. Entscheidungen zu treffen bedeutet, einen Schritt in eine Richtung zu machen – *jede* Entscheidung ist daher ein »Fortschritt«. Ich halte wenig davon, alles überzuanalysieren, ebenso ist kopfloser Aktionismus selten zielführend. Wie beim Marathon kommt es auf die kluge Krafteinteilung an. Man kann einen Knoten entweder festziehen oder ihn lösen. Um mehr Vertrauen in die eigene Entwicklung zu erlangen und sich nicht von Ängsten, widrigen Umständen

READ THIS:

THE WORLD WILL NOT END THE WORLD WILL NOT END
THE WORLD WILL NOT END THE WORLD WILL NOT END
THE WORLD WILL NOT END THE WORLD WILL NOT END
THE WORLD WILL NOT END THE WORLD WILL NOT END
THE WORLD WILL NOT END THE WORLD WILL NOT END
THE WORLD WILL NOT END THE WORLD WILL NOT END
THE WORLD WILL NOT END THE WORLD WILL NOT END
THE WORLD WILL NOT END THE WORLD WILL NOT END
THE WORLD WILL NOT END THE WORLD WILL NOT END
THE WORLD WILL NOT END THE WORLD WILL NOT END
THE WORLD WILL NOT END THE WORLD WILL NOT END
THE WORLD WILL NOT END THE WORLD WILL NOT END.

oder schwachen Phasen blockieren zu lassen, hilft es, dort weiterzumachen, wo die eigene Gestaltungsmacht es zulässt. Wer das beherzt, wird merken: Es geht immer etwas.

Viele sind trotzdem davon überzeugt, dass sie sich nicht lohnt, die Liebesbeziehung mit der Arbeit. Wie nach jeder anderen geplatzten Beziehung auch, ist die Enttäuschung groß, wenn der Erfolg ausbleibt oder den Erwartungen nicht gerecht wird. Müssen wir früher oder später doch einsehen, dass Geld die Welt regiert und nicht Liebe?

Nein. Denn das Finden und Leben einer Aufgabe mit persönlicher Bedeutsamkeit und der gesamte Gestaltungsprozess gehören zum tieferen Sinn des Lebens. Es ist nicht einfach, mit einem gebrochenen Herzen zu leben und daran zu wachsen. Aber es ist trotzdem keine unerhebliche Lebenserfahrung. Und auch nach einer gescheiterten Liebesbeziehung sollte man sich wieder verlieben können. Wenn Herzensprojekte scheitern, darf man nicht resignieren, sondern muss sich neu justieren und weiterarbeiten. Resignation bedeutet Stillstand. Und nur wer resigniert, ist gescheitert.

Die Zukunft gestaltet sich von alleine nicht immer so, wie wir es uns wünschen. Im Zweifel entwickelt sich das Leben ganz anders, als man es geplant hatte. Aus genau dem Grund ist es so wichtig, der »Fügung« die Stirn zu bieten und zumindest das, was man tun kann, mit voller Energie zu tun.Besonders wenn man sich außergewöhnlichen Lebenssituationen ausgesetzt sieht, liegt der Schlüssel zum Erfolg darin, aus ihnen zu lernen und sich trotzdem treu zu bleiben. Und auf eines kann man sich glücklicherweise auch immer verlassen: Auf Tiefen folgen Höhen!

»HAVE A VISION TO STRIVE FOR«

EINE VISION HABEN, FÜR DIE SICH DIE ARBEIT LOHNT

Gegen das Dagegen, für das Dafür

>»Hoffnung ist nicht die Überzeugung, dass etwas gut ausgeht,
>sondern die Gewissheit, dass etwas Sinn hat, egal wie es ausgeht.«
>– Václav Havel

Seien wir ehrlich: Das Glück finden Menschen nicht, wenn sie irgendwo in einer Hängematte liegen. Die Hängematten-Metaphorik auf Buchcovern, Websites und Werbeplakaten will uns glauben machen, dass die Freiheit und das schöne Leben anfangen, wenn man sich endlich irgendwo hinlegen kann. Was für eine Gesellschaft soll das denn bitte hervorbringen? In Wirklichkeit sind glückliche Menschen aktiv und stellen sich ihren Herausforderungen!

Eine Vision für seine Arbeit zu haben hilft dabei, sich auf ein Ziel auszurichten und stetig weiterzuentwickeln und auch unter schwierigen Umständen den Mut nicht zu verlieren. Eine Vision ist zunächst eigentlich nur, eine Vorstellung oder ein Bild von der Zukunft zu haben, für die man bereit ist, seine Kräfte und Lebenszeit einzusetzen.

Visionen von Google, Apple, Amazon und anderen großen Unternehmen werden immer wieder gerne zitiert, um zu zeigen, wie verdammt wichtig es ist, für den großen Erfolg eine Vision zu haben. Was nützt es dir aber zu wissen, was Apple sich vorgenommen hat? Erst recht, wenn deine Idee von Erfolg eine andere ist? Viel wichtiger ist es, sich Gedanken über die eigene Lebensrealität zu machen. Wohin soll deine Reise gehen?

Wenn man beginnt, seine Vision zu entwickeln, dann sollte man nicht zu klein denken. »Sehr viel Geld verdienen« ist keine Vision, es ist entweder ein angstgetriebenes Sicherheitsversprechen an sich selbst oder Zeichen einer relativ banalen Lebenszielsetzung. Wer mehr von sich und seiner Arbeit möchte, der führt sich am besten vor Augen, was er der Welt zu geben hat, und nicht, was er von ihr in Anspruch nehmen wird.

Gut sollte deine Arbeit für dich nicht nur sein, weil sich deine Produkte gut verkaufen lassen, sondern vor allem, weil sie dir eine Plattform bietet, dich auszudrücken. Wenn du dich darauf konzentrierst, *wofür* du arbeitest, dann schaust du auf etwas, das du positiv bewertest. Wenn du dich jedoch darauf konzentrierst, wogegen du arbeitest, hast du auch nur negative Bilder im Kopf. Für etwas zu arbeiten macht stark, gegen etwas zu arbeiten macht müde. Also, wo*für* kämpfst du, auch ohne dass es von dir verlangt wird? Wo*für* (nicht wogegen!) setzt du dich ein? Das ist der Ort, an dem eine tiefe Leidenschaft liegt und vielleicht auch eine erfüllende Lebensaufgabe, die Arbeit, die du lieben kannst, und eine Zukunft, die dich zuversichtlich macht.

Für die Zufriedenheit bei der Arbeit ist positive Resonanz wichtig. Das Echo, das unser persönliches Schaffen erzeugt, berührt mehr als materielle Werte. Wer sich mit der Pseudovision abgibt, viel Kohle scheffeln zu wollen, wird höchstwahrscheinlich auch nichts anderes schaffen wollen, als eine klassische Laufbahn oder ein beliebiges Mainstreamprodukt. Dagegen ist nichts einzuwenden, aber es ist keine Garantie, dass eine solche Arbeit wirklich zufrieden machen wird. Solange die Ziele lediglich darin bestehen, »unbefristet« beschäftigt und »außertariflich« bezahlt zu werden, geht es nicht um Inhalte und die Arbeit an sich. Es geht nur um die erwartete Gegenleistung. Wenn du ausschließlich dem Geld folgst, spielt die Qualität der Arbeit kaum eine Rolle. Wenn du dich dagegen auf deine Arbeit und deine übergeordnete Vision konzentrierst, geht es um deine Lebensleistung.

Wer Visionen hat, muss nicht zum Arzt gehen, sondern an die Arbeit! Denn: Unser bloßes Dasein an sich hat möglicherweise keinen übergeordneten Sinn, über den wir uns von Geburt an im Klaren sind. Also müssen wir selbst Sinnstifter sein. Man muss seinem Tun Sinn verleihen, und das tut man, indem man eine Zukunftsvision entwickelt, für die es sich lohnt, jeden Tag an die Arbeit zu gehen. Der Schlüssel liegt also wirklich darin, sich selbst sinnvolle Aufgaben zu stellen, damit alles andere auch Sinn bekommt.

Um in der Lage zu sein, eine stimmige Vision für seine Arbeit zu entwickeln, hilft einem nur die Beantwortung der unbequemen Fragen: Was will ich gestalten? Wofür arbeite ich? Die spontanen Antworten darauf sind meistens unreflektiert. Was man sich wirklich wünscht, liegt selten an der

LIVE *your* ART

Oberfläche. Da muss man schon tiefer in sich gehen. Kein Mensch hat eine Vision, ohne dass er gefunden hat, wofür er sich begeistern kann. Aber ohne Vision auch keine leidenschaftliche Reise. Und ohne Leidenschaft keine Lust an der Arbeit. Darum ist es so wichtig zu wissen, wohin man sich entwickeln möchte.

SHOW SPEAK STAND UP
for something!

Zeit ist Leben

> *»... aber Zeit ist Leben. Und das Leben wohnt im Herzen.*
> *Und je mehr die Menschen daran sparten, desto weniger hatten sie.«*
> *– Michael Ende*

Die meiste Zeit unseres Lebens im Wachzustand verbringen wir mit Arbeit. Was fangen wir mit all dieser Zeit an?

Was die Arbeitswelt mit uns macht, wenn wir nichts aus ihr machen, bekommen wir jeden Tag zu spüren. Als Angestellter verbringt man den überwiegenden Teil des Tages am Arbeitsplatz, auf dem Weg zur Arbeitsstätte, zu Terminen oder auf dem Weg von der Arbeit nach Hause. Als Selbstständiger hat man kein vertragliches Stundenminimum, die Arbeit erstreckt sich selbstverständlich in das Privatleben und somit auch in die Stunden jenseits der Geschäftszeiten. Wer keine Arbeit hat, ist laufend damit beschäftigt, welche zu suchen, und er wird von der Gesellschaft ständig daran erinnert, dass es »so« nicht bleiben kann. Arbeit wirkt stabilisierend und bedeutet Teilhabe an der Gesellschaft. Auf der anderen Seite bedeutet sie einen starken Eingriff in die eigene Zeitsouveränität.

Wenn man am Tag acht bis zwölf Stunden etwas tut, das nichts mit einem selbst zu tun hat, ist es wenig verwunderlich, dass man weder genügend Energie noch Zeit hat, sein wahres Können irgendwo anders anzuwenden. Und schon befindet man sich in einem Kreislauf aus Unfreiheit und Frust. Ein Dilemma, das schon seit jeher unabänderlich ist. Man verpasst das Leben bei der Arbeit. »Zeitmanagement« ist das Businesswort aus der Bürosprache, dessen Verwissenschaftlichung ganze Bücherregale füllt. Wenn man mehr zu tun hat, als der Arbeitstag es einen schaffen lässt, muss ein vernünftiges Zeitmanagement her. Ein vernünftiges Zeitmanagement muss aber vor allem her, wenn man es nicht schafft, die wichtigen Themen des Lebens von den unwichtigen zu unterscheiden.

Die US-amerikanische Autorin und Bloggerin Gretchen sagt in ihrem *Happiness Project:* »Die Tage sind lang, aber die Jahre sind kurz.«[30] Wer kennt dieses Gefühl nicht? Die Jahre verfliegen nur so, aber trotzdem scheint der Tag bei der Arbeit nicht zu enden. Viele Menschen wünschen sich nichts sehnlicher als einfach mehr Zeit. »Ich würde so viele Dinge mehr tun, hätte ich nur die Zeit dazu«, hört man ständig irgendjemanden sagen. Möglicherweise auch sich selbst. Was aber machen wir denn eigentlich den ganzen Tag? Jeder tut doch irgendetwas den ganzen Tag, oder nicht? Objektiv betrachtet ist die Zeit für alle Menschen die gleiche. Wir alle haben 24 Stunden am Tag zur Verfügung, da gibt es keine Ausnahmen. Der Unterschied liegt darin, wie diese Zeit genutzt wird.

Der *Freizeit-Monitor 2012*, eine Studie zum Freizeitverhalten der Deutschen, durchgeführt vom Zentrum für Zukunftsfragen, stellt fest, dass mehr Zeit für Erholung und soziale Kontakte zu den am meisten geäußerten Freizeitwünschen gehört. Der Witz ist, dass Fernsehen immernoch unangefochten die Hauptfreizeitbeschäftigung der Deutschen ist.[31] Wer Zeit zum Fernsehen hat, der hat eben keine Zeit mehr für anderes. Zeit hat man, wofür man sie sich nimmt. Um sein Leben zu verändern, muss man sich die Zeit dazu nehmen. Es erfordert eben ein gewisses Maß an Mut zu Neuem und die Bereitschaft, den Status quo herauszufordern. Und zwar nicht zögerlich, sondern mit voller Überzeugung und aller Energie!

Die meisten mir bekannten Menschen, die etwas Außergewöhnliches aus ihrem Leben machen und viele Projekte umsetzen, haben kurioserweise nicht das Gefühl, keine Zeit zu haben. Denn sie verbringen ihre Zeit mit den Dingen, die sie als wichtig empfinden. Das Gefühl, keine Zeit zu haben, bekommt man erst, wenn man sich viel mit anderen, unwesentlichen Dingen beschäftigt.

Man sagt: »Zeit ist Geld.« Wer Zeit verliert, verliert auch Geld, so meinte es wohl Benjamin Franklin, der die Redensart schon 1748 prägte. Zeit ist wertvoll. Die Uhr ist unaufhaltsam, den Kalender interessiert es nicht, ob wir Zeit nutzen oder verstreichen lassen, die Blätter werden auch abgerissen, wenn die Tage ungenutzt bleiben. In gewisser Weise geht es tatsächlich, Zeit zu Geld zu machen, nämlich indem man irgendeine Arbeit macht, die Geld bringt. Die Gleichung jedoch umzukehren ist unmöglich. Niemand kann Geld zu Zeit machen. Die Zeit, die in vielleicht lukrative, aber völlig frustrierende Arbeit investiert wird, ist unwiederbringlich weg. Ein

Grund mehr, sich bewusst zu machen, auf welche Weise und in welche Aufgabe man seine wertvolle Zeit investieren möchte.

Die Art, wie wir unsere Zeit verbringen, definiert unser Leben. Wenn man sich das bewusst macht, wird deutlich, wie wichtig eine sinnvolle Einteilung der zur Verfügung stehenden Zeit ist. Die Gewohnheit, anzunehmen, dass das schöne Leben irgendwann später beginnt, führt dazu, dass man das ganze Leben in der Zwischenzeit nicht richtig auskostet. Was soll dieses Schöne denn sein? Das hohe Alter?

Leider ist alles, was wir jetzt vertagen, auch vertagtes Lebensglück. Denn das Leben geschieht nun einmal immer genau im gegenwärtigen Moment: Jetzt, jetzt, jetzt. Wer verstanden hat, dass Arbeit nicht nur ein Job ist, der versteht auch, dass das Leben eben auch nicht nur ein Job ist.

Wenn du glaubst, dass die gegenwärtigen Umstände es nicht zulassen, an die Arbeit deines Lebens zu gehen, ist das eine Ausrede. Eine Ausrede zuungunsten der Zeit, die verbleibt, um ein richtig aufregendes Leben zu gestalten. Der Abwasch kann warten. Das Leben nicht.

TICK! TOCK! TICK! TOCK!

YOUR TIME IS YOUR LIFE

Warum stehst du morgens auf?

> »Die beiden wichtigsten Tage deines Lebens sind der Tag, an dem du geboren wurdest, und der Tag, an dem du herausfindest, warum.«
> – Mark Twain

Die meisten Menschen fragen sich bei dem Thema Arbeit nur eins: nämlich was sie tun sollen. »Was soll ich beruflich machen, was soll ich aus meinem Leben machen, was ist Arbeit, die mir gefallen könnte, und was bekomme ich dafür?« Dabei ist die Frage »Was?« eigentlich zunächst uninteressant. »Was« beinhaltet nur das Vorhandene, nicht aber das, was in Zukunft noch gestalten werden kann. Die wirklich wichtige Frage ist: »Warum?«

Aus dem Warum kann sich ganz Neues ergeben, eine Form, die vielleicht noch geprägt werden muss, während das Was im Prinzip nur auf das bereits Bekannte zurückgreifen kann. Interessanterweise steckt in der Klärung des Warum auch unsere eigentliche Überzeugung. Sobald ganz klar definiert ist, warum wir etwas tun (oder nicht tun), wissen wir auch, woran wir glauben. Wer sich im Klaren ist, woran er glaubt, befindet sich in einer sehr guten Ausgangslage, sein Tun damit in Einklang bringen zu können.

Wir alle haben im Leben ein großes persönliches Warum – und dazu sehr viele Möglichkeiten des Was und Wie. Es ist nicht so wichtig, was genau du machen willst, viel wichtiger ist, warum du es machen willst. Das Wie und das Was werden mit dieser Erkenntnis sehr viel einfacher zu klären sein.

Wie kommen bestimmte Leute nun darauf, sich auch gegen Widerstände dazu zu entscheiden, ihrer Berufung zu folgen? Ganz einfach, ihr Warum ist stärker als ihre Angst. Das Geheimnis von glücklichen Menschen und ihren erfolgreichen Projekten liegt darin, dass sie nicht nur ein beliebiges Produkt oder eine Dienstleistung anbieten, sondern dass sie wissen, *warum* sie tun, was sie tun. Sie sind nicht beliebig in ihrem Tun, sie sind zielgerichtet. Sie haben einen Standpunkt und eine besondere Haltung, die sie selbst und das, was sie anzubieten haben, einzigartig macht.

Neben einer groß gedachten Vision braucht es also auch noch die Kenntnis des eigenen Antriebs. Man unterscheidet zwischen extrinsischer und intrinsischer Motivation (vgl. Myers 2004). Interessant für Arbeit, die Spaß macht, ist letztere. Sie beschreibt das Bestreben, etwas um seiner selbst willen zu tun. Tun, um etwas zu tun, nicht tun, um etwas zu vermeiden, oder tun, um etwas zu bekommen. Nur Dinge, für die man intrinsisch motiviert ist, kommen einem nicht aufgezwungen vor und müssen nicht ständig mit Geld, Prestige oder beidem belohnt werden.

Wer sein Warum kennt, steht nicht nur in Verbindung mit seinen tieferen Beweggründen, sondern bringt zur Erreichung eigener Ziele auch selbstverständlich Opfer, zu denen er ohne diese ureigene Motivation nicht bereit wäre. Wer dagegen sein Warum nicht kennt, wird umso loyaler auch einer unbedeutenden Aufgabe gegenüber sein und sie sogar verteidigen.

Im Prinzip ist Arbeit eben auch eine Sache der persönlichen Haltung. Wenn man davon ausgeht, dass jeder einen persönlichen Beitrag leisten kann und jeder einen persönlichen Sinn verfolgen darf, stellt sich nur noch die Frage: Wer ist für meine Weiterentwicklung verantwortlich? Ich selbst oder die Umstände? Lebe ich nach Produzentenlogik (neues Arbeitsverständnis) oder verharre ich in meiner Versorgungsmentalität (altes Arbeitsverständnis)? Die Realitäten zeigen uns jeden Tag deutlich, ob uns die eigene Überzeugung behindert oder ob sie uns Flügel verleihen kann. Entweder willst du hinzulernen, oder du bestehst darauf, recht zu haben. Die eigene Lebenssituation zeigt, welche der beiden Möglichkeiten du augenscheinlich vorziehst.

Das Leben auf Autopilot, das Ansprüchen anderer gerecht wird und die eigenen nicht kennt, besitzt eine soziale Bewährtheit. Natürlich ist es bequemer, sich seine eigenen inneren Beweggründe niemals zu vergegenwärtigen und fremden Zielvorgaben zu folgen. Dieser Weg steht jedem offen. Er steht jedoch im Gegensatz zu einem unabhängigen und *selbstständigen* Leben.

Die erfolgreichsten Menschen, die ich kenne, üben alle mehr als nur einen vordefinierten Beruf aus. Sie haben viele engagierte Projekte gestartet, die ihre Interessen und Fähigkeiten widerspiegeln. Sie haben mehr als ein Standbein und arbeiten, um die Vielfalt ihrer Träume im Leben unterzubringen. Die Berufung zeigt sich nicht in einer bestimmten Tätigkeit. Sie kommt zur Geltung, wenn man sein Warum lebt, sein Talent nutzt und seine Vision verfolgt. Sie hat nicht unbedingt etwas mit einem klassischen Berufsbild zu tun, sondern kann sich in allen möglichen Bereichen entfalten.

Wenn man Menschen fragt: »Warum machst du eigentlich, was du beruflich machst?«, dann hat die Antwort leider allzu häufig rein gar nichts mit einer bestimmten persönlichen Überzeugung, mit Talenten oder mit einer Vision zu tun. Aber warum stehst du wirklich morgens auf? Wer und was inspiriert dich wirklich? Wofür arbeitest du?

Kenne dein eigenes Glück, und du wirst auch keine Schwierigkeiten mehr haben, morgens dafür aus dem Bett zu müssen.

»DREAM, CREATE, INSPIRE — WHAT YOU MAKE IS IMPORTANT«

WAS DU GESTALTEST, IST WICHTIG!

Arbeit ist ...?

Wie würdest du jetzt die eingangs gestellte Frage »Arbeit ist ... ?« beantworten?

Arbeit als sinnstiftendes Element des Lebens ist wertvoll, also lohnt es sich, für eine eigene Vision zu kämpfen. Neue Arbeitsmodelle können nicht »von oben« übergestülpt werden, sondern müssen aus den Wünschen Einzelner entstehen. Den Wünschen jener Generation talentierter Menschen, die Unternehmen gründen, die von anderen Werten getragen werden und anders aufgebaut sind als jene, deren Struktur und Vorgehensweisen für sie selbst nicht gepasst haben. Weil einzelne mutige Entrepreneure, sei es in ihren eigenen Unternehmen oder innerhalb bestehender Organisationen, ihre eigenen Ideale und das Wertesystem von Arbeit und Leben in ihre Firmen und Projekte integrieren, werden sie so die Unternehmenskultur und Arbeitswelt von morgen entscheidend prägen.

Die Haltung »work is not a job« ist keinesfalls mein kleines Geheimprojekt. Es gibt überall Menschen, die auch bereits selbstverständlich nach ähnlichen Prinzipien leben und arbeiten. Auch wenn wir eigentlich keinen Slogan brauchen, so trifft er die Haltung unserer neuen Generation von Machern außerordentlich gut.

Ob wir uns in einer neuen, selbstbestimmten Arbeitswelt tatsächlich wohler fühlen können, hängt von verschiedenen Faktoren ab:

- Inwiefern es uns gelingt, uns selbst zu erkennen (das persönliche Warum) und so unsere Arbeit authentisch zu gestalten. Ob wir also auch bereit sind, die Konsequenz zu tragen, eventuell weniger Geld zu verdienen, dafür aber »näher« an unserem Selbst zu arbeiten. Die Arbeit an sich selbst geht jeder anderen Arbeit voraus.

- Ob es uns gelingt, unsere Arbeit selbst zu organisieren. Der Wille, Gestalter zu sein, ist für diese neue Arbeitswelt unerlässlich. Menschen mit großem Selbstvertrauen und starker intrinsischer Motivation haben es leichter, Gas zu geben und Arbeit zu tun, die für sie bedeutungsvoll ist. Sie können schlicht nicht anders. Sie tun, um etwas zu tun, nicht, um etwas zu bekommen. Herz schlägt Kopf – diesen Vorgang nicht zu blockieren, ist nicht immer so einfach.

- Wie sehr wir uns in dem Gebiet, das uns interessiert, zum Experten ausbilden möchten – Lust an Neuem und der Bruch mit alten Routinen werden unerlässlich sein. Lebenslanges Lernen und die Möglichkeit, sich über sein Schaffen auszudrücken, steht der lebenslangen Festanstellung als Lebensentwurf gegenüber. Veränderung muss als etwas Positives verstanden werden. »Neu« ist großartig, nicht beängstigend.

- Wie stark wir unser Netzwerk ausweiten und benutzen können, um unsere Arbeitsweise zu etablieren und eine Struktur des Vertrauens und der freundschaftlichen Zusammenarbeit zu bilden. Marktwirtschaft lebt von der Partizipation. Wir müssen gemeinsam aktiv sein. Wer ein unterstützendes Netzwerk von Freunden und Geschäftspartnern mit verschiedenen Kompetenzen hat, wird klar im Vorteil sein.

- Inwiefern es uns gelingt, unsere Ängste zu überwinden und zwischen alter Arbeitswelt und neuer zu wandeln – ohne in die Struktur der alteingefahrenen Bahnen zurückzufallen. Versagensängste, die Angst vor Kritik und dem vielgefüchteten »Ende unter der Brücke« sind lähmende Monster, die uns immer wieder auf die Probe stellen und uns unsere Grenzen zeigen. Unsere Zukunftsängste und die Konsequenzen, die sich aus der Möglichkeit ergeben, neue Wege zu gehen, können im Zweifel dazu führen, aus Angst die Freiheit wieder aufzugeben.

DO TRUST IN THE THINGS YOU LOVE

Uns nach, Kollegen!

Ich habe bis heute viele interessante Menschen kennen lernen dürfen, die eine neue Selbstständigkeit leben. Sie haben ihre Vollzeitjobs gekündigt, aufgegeben, was sie kaputt gemacht hat, hochbezahlte Karrieren an den Nagel gehängt und sind ausgezogen, um ihre Leidenschaften zu leben. Sie haben Unternehmen gegründet, sind Social Entrepreneure und Aktivisten, schreiben Bücher und bauen soziale Netzwerke und Plattformen auf. Sie entwerfen ihre eigenen Produkte, von handgemachter Mode über Smartphone-Apps bis hin zu individualisierbaren Schokoladenriegeln. Sie organisieren Konferenzen und Workshops, teilen ihr Wissen und laden die ganze Welt dazu ein. Sie eröffnen familienfreundliche Co-Working-Spaces und bilden kreative Studiogemeinschaften. Sie gründen Non-Profit-Organisationen, sind im Winter Snowboardlehrer und betreiben im Sommer eine Fahrradwerkstatt. Sie sind Selbstständige und Angestellte, leben individuelle Arbeitsmodelle und fordern nicht nur sich selbst durch ihre Arbeit täglich heraus, sondern wollen auch, dass die Welt sich verändert.

Die Arbeit, um die es von nun an geht, ist von persönlicher Bedeutung. Sie besteht aus der Umsetzung eigener Ideen, aus dem, was uns wirklich beschäftigt, aus den Dingen, die uns am Herzen liegen. Die Arbeit abseits der Arbeit, die wir machen müssen. Da, wo die Begeisterung anfängt und der Zwang aufhört. In all den Tätigkeiten, in denen wir uns wiederfinden und uns lebendig fühlen können. Eine Vision von einer besseren Arbeitswelt, die genauso wirtschaftlich sein kann wie der »normale« Arbeitsplatz, nur sehr viel dichter an der eigenen Persönlichkeit ist. Die Überzeugung »work is not a job« ist sicher keine Gesellschaftsutopie, aber es ist ein kraftvolles Denkprinzip. Wer seine eigenen Ziele und Träume nicht über sein Handeln klar artikulieren kann, der darf sich nicht wundern, dass eine auf die Konformität ausgelegte Arbeitswelt sie nicht berücksichtigt. Wenn für uns etwas wirklich von Bedeutung ist, dürfen wir das Feld eben nicht anderen überlassen.

Dort, wo man selbst unzufrieden ist, wird man Menschen mit diesem Enthusiasmus nie begegnen. Man begegnet ihnen, während man selbst an seinen Träumen arbeitet. Wer sich selbst auf den Weg gemacht hat, beflügelt andere, es auch zu tun. Wer unter seinen Möglichkeiten bleibt und leise leidet, kann andere nicht inspirieren, und alles bleibt, wie es ist.

Aber es gibt einen Ausweg aus dieser Misere. Und zwar an die Arbeit zu gehen, die man liebt. Und zwar heute. Egal ob als Angestellter oder frei, ob in Vollzeit oder als Hobby. Die Welt wird durch Beispiele, die neue Visionen lebendig machen, verändert, nicht durch Gerede und Angepasstheit. Wenn ich für ein leidenschaftliches und intensives (Arbeits-)Leben voller Herausforderungen einen Tipp geben darf, dann den, loszuziehen und etwas zu unternehmen.

In meiner Arbeit jenseits der Festanstellung hat sich immer wieder gezeigt: Das Geheimnis bedeutender Arbeit, die von der Welt beachtet wird, liegt darin, die eigenen Ideale in die Arbeit zu geben und sein Leben Menschen und Vorhaben zu widmen, die man liebt. Trotz aller Versagensängste, trotz aller Geldsorgen, trotz aller Kritik. Das Resultat ist Arbeit, die einen Unterschied macht.

Bei allen Menschen, die ich kennengelernt habe, die ihre Arbeit anders denken und anders machen und sie als sinnstiftendes Element ihres Lebens zurückerobert haben, konnte ich feststellen, dass alles, was sie tun – egal in welcher Branche, ob als Ehrenamt oder als Beruf –, einen sinnstiftenden Kern enthält. Nur so wird man seine Arbeit ein Leben lang lieben können. Und nur so ist eine persönliche Entwicklung zu dem Menschen, der wir sein können, und zu dem besten Leben, das wir leben können – im wahrsten Sinne des Wortes –, machbar.

Und vielleicht kann man über diese Entscheidung für ein authentisches Leben ein bisschen auch zu einem Wandel der gesamten Arbeitswelt beitragen. Es gibt keine gesellschaftliche Veränderung ohne die persönliche. Wir könnten viel größeren Einfluss darauf haben, was heute in unserer Gesellschaft wichtig ist, wenn wir unsere eigenen Potenziale nutzen würden, um Arbeitskultur und letztlich die Gesellschaft mitzugestalten. Es ist eine große Bereicherung, *für* etwas zu sein! Jeder muss sich Gedanken machen, was er mit seinem Talent anfangen will und welche Prioritäten die eigene Arbeit für ihn ausdrückt. Mehr haben oder mehr sein? Etwas gestalten oder etwas erledigen? Welchen Rat würdest du jemandem für ein erfülltes (Arbeits-)Leben geben?

Eines ist sicher: Die Welt interessiert es nicht, was du alles weißt. Sie interessiert es allein, was du daraus machst.

Also zeig uns, was du hast. Was du gestaltest, ist wichtig!

DO NOT WAIT FOR FURTHER INSTRUCTIONS.

Über die Autorin

Catharina Bruns, geboren 1979 in Hamburg, ist kreative Unternehmerin und Gründerin von »workisnotajob.«. Sie studierte Medienkultur, Psychologie und Politikwissenschaften sowie Visuelle Kommunikation in Hamburg und lebte in Vancouver, Dublin und New York City, bevor sie 2012 nach Berlin zog. Sie kündigte ihre Karriere im Konzern aus dem Wunsch heraus, sich einen Arbeits- und Lebensstil abseits einer fremdbestimmten Neun-bis-Fünf-Struktur, der beengenden Konventionen der Arbeitswelt und der albernen Identifikationsmechanismen moderner Unternehmen zu schaffen. Zusammen mit Sophie Pester gründete sie das Unternehmen »supercraft« und die Publishing-Plattform »Lemon Books«. Ihr Unternehmen supercraft fördert Kreativität im Alltag und bietet Do-it-yourself-Kits im Abo. Supercraft Kits sind Handarbeitsprojekte inklusive allem benötigten Material und Anregungen zur Umsetzung. Inzwischen ist supercraft eine Community mit vielen tausend kreativen Selbermachern weltweit. Das Motto ist: »Mach mehr selbst!« Lemon Books sind individualisierbare Pocket-Notizhefte für kleine Notizen und große Ideen.

Catharina Bruns ist Partnerin bei Sophie Pesters Unternehmen »hello handmade«, einer Plattform für unabhängiges, handgemachtes Design mit einem jährlichen Designmarkt in Hamburg. Außerdem ist sie ehrenamtliche Mentorin für junge Unternehmerinnen und Studentinnen der University of East London und engagiert sich leidenschaftlich für mehr Unternehmertum bei Frauen. Sie ist Macherin und Co-Autorin von »superwork«, einer Blog-Interviewreihe, die Menschen zeigt, die ihre Ideen umsetzen und sich ihre eigenen Arbeitswelten gestalten.

Gedanken zu einer neuen Arbeitskultur und Dinge, die sie durch ihre eigene Arbeit als Unternehmerin lernt, können auf Twitter verfolgt werden.

Folge @cathibruns und @workisnotajob

Dank

Vielen Dank, dass du dieses Buch gelesen hast! Ein Buch zu schreiben ist eine Menge Arbeit. Und zwar die von der spannenden Sorte. Das Buch schrieb sich fast von selbst, schließlich lebe und erlebe ich alles, was ich hier vorschlage, jeden Tag aufs Neue. Großer Dank gilt den tollen Menschen um mich herum und allen, mit denen ich täglich zusammenarbeite. Sie haben mich durch ihre tolle eigene Arbeit und ihren Ideenreichtum zu vielen Gedanken für dieses Buch inspiriert. Danke an meine Familie und an die wichtigsten Frauen in meinem Leben, allen voran meine großartige Mutter, die immer an mich und meine Ideen glaubt. Besonderer Dank gilt Sophie, ohne die weder die Arbeit noch das Leben genau so super wären, und Maren – Danke für offene Ohren und offene Herzen für dieses Buchprojekt.

Ich bedanke mich außerdem beim Campus Verlag für die Offenheit, neue Wege zu gehen, und die Bereitschaft, mir die komplette Gestaltung zu überlassen. Und für die großartige Zusammenarbeit mit einer tollen Lektorin, Friederike Mannsperger. Außerdem danke ich Juliane Wagner, die mich gefunden hat und mein Buch schon mochte, als es es noch gar nicht gab. Danke an alle da draußen, die ihre Ideen umsetzen, ihre Träume leben und die Welt mit ihrer kreativen Arbeit bereichern. Die Welt gehört denen, die neue Gedanken denken und sich trauen, ihre Arbeit neu und ihr Leben selbst zu gestalten. Wenn das Buch nur einem Menschen hilft, (sich) etwas mehr aus seiner Arbeit zu machen, dann hat es seinen Zweck erfüllt. Danke!

Catharina Bruns

I LOVE YOU,

Future!

Anmerkungen

1. Klages, Klaus: Kalenderblatt aus Klages' Tages-Spruch-Kalender, *Klages Kalender Verlag AG*, Weyarn 2010
2. Gallup Engagement Index 2012: http://www.gallup.com/strategicconsulting/158162/gallup-engagement-index.aspx, vgl. dort: Pressemitteilung zum Gallup Engagement Index 2012, zuletzt aufgerufen am 6.03.2013
3. Definition Arbeit: http://www.duden.de/rechtschreibung/Arbeit, zuletzt aufgerufen am 4.03.2013
4. Wirtschaftslexikon Gabler, Definition aus: http://wirtschaftslexikon.gabler.de/Definition/arbeit.html, zuletzt aufgerufen am 4.03.2013
5. *Bericht der Bundesregierung:* Krankenstand in Deutschland bleibt niedrig: http://www.bundesregierung.de/Content/DE/Artikel/2011/02/2011-02-15-niedriger-krankenstand-in-deutschland.html, zuletzt aufgerufen am 06.03.2013
6. *Financial Times Deutschland:* Traum von der Treppenkarriere. *Online-Artikel vom 17.11.2012:* http://www.ftd.de/karriere/karriere/:karriereplanung-traum-von-der-treppenkarriere/70117895.html, zuletzt aufgerufen am 09.03.2013
7. *Manager Magazin:* Burn-Out. Stilles Drama. *Online-Artikel vom 18.07.2012:* http://www.manager-magazin.de/magazin/artikel/0,2828,843360,00.html, zuletzt aufgerufen am 21.05.2013
8. King, Martin Luther Jr: »I have a dream!«: http://www.americanrhetoric.com/speeches/mlkihaveadream.htm zuletzt aufgerufen am 03.03.2013
9. Bericht der Europäischen Kommission: Entrepreneurship in the EU and beyond. 2012: http://ec.europa.eu/public_opinion/flash/fl_354_en.pdf, S. 6, zuletzt aufgerufen am 03.03.2013
10. hello handmade Website: www.hellohandmade.com, zuletzt aufgerufen am 08.03.2013
11. Graham, Paul: How to love what you do: www.paulgraham.com/love.html 2006, zuletzt aufgerufen am 24.02.2013
12. Smith, Mickey: Do trust in the things you love, Do Lectures Talk: http://thedolectures.co.uk/lectures/do-trust-in-the-things-you-love/ zuletzt aufgerufen am 24.02.2013
13. Sinek, Simon: How great leaders inspire action. TEDxPuget Sound Talk, September 2009: http://www.ted.com/talks/simon_sinek_how_great_leaders_inspire_action.html
14. MacLeod, Hugh: Keine Skrupel! Schmieden Sie böse Pläne und haben Sie Spaß auf dem Weg zur Nummer 1, Kulmbach, 2012, S. 20
15. Kairos Begriffserklärung: www.de.wikipedia.org/wiki/Kairos, zuletzt aufgerufen am 01.03.2013
16. Hische, Jessica: Interview mit Humble Pied: www.humblepied.com/jessica-hische, zuletzt aufgerufen am 22.02.2013
17. Towers Watson: Global Workforce Study: www.towerswatson.com/germany/research/7572#2012-Global-Workforce-Study und www.towerswatson.com/germany/research/7572, zuletzt aufgerufen am 13.01.201
18. Statistisches Bundesamt: Qualität der Arbeit. Geld verdienen und was sonst noch zählt 2012: https://www.destatis.de/DE/Publikationen/Thematisch/Arbeitsmarkt/Erwerbstaetige/BroschuereQualitaetArbeit0010015129001.pdf?__blob=publicationFile, zuletzt aufgerufen am 05.01.2013
19. Mikels, Joseph A.; Maglio, Sam J.; Reed, Andrew E.; Kaplowitz, Lee, J.: Should I go with my gut? Investigating the benefits of emotion-focused decision making. *Emotion*, Vol 11(4), Aug 2011, 743-753.
20. Norbert Blüm im Interview mit dradio.de am 21.07.2010: Ex-Arbeitsminister Blüm wiederholt: »Die Rente ist sicher«: http://www.dradio.de/dlf/sendungen/interview_dlf/1229472/

21. *Kickstarter Blog:* Kickstarter at the Oscars: http://www.kickstarter.com/blog/kickstarter-at-the-oscars, zuletzt aufgerufen am 24.02.2013
22. *Kickstart.com Projekt:* Film-Dokumentation »Inocente«: www.kickstarter.com/projects/1131717127/inocente-homeless-creative-unstoppable?ref=live zuletzt aufgerufen am 25.02.2013
23. *Seedmatch.de Projekt:* Tampons for you: www.seedmatch.de/startups/TAMPONS-FOR-YOU/uebersicht, zuletzt aufgerufen am 24.02.2013
24. *Drittes newtonsches Gesetz:* lex tertia: www.de.wikipedia.org/wiki/Newtonsche_Gesetze; zuletzt aufgerufen am 24.02.2013
25. *Holstee:* Manifesto: http://shop.holstee.com/pages/manifesto.UQEaHKHvSH8 (eigene Übersetzung.)
26. *Auszug aus dem hello handmade Manifest 2011:* www.we-love-handmade.com
27. *Petit, Philippe:* The Journey across the High Wire, TED Talk 03/2012: www.ted.com/talks/philippe_petit_the_journey_across_the_high_wire.html, zuletzt aufgerufen am 09.03.2013
28. *Wortherkunft »Talent«:* http://de.wikipedia.org/wiki/Talent_(Einheit), zuletzt aufgerufen am 04.03.2013
29. *IG Metall:* Anti-Stress-Verordnung: http://www.igmetall.de/cps/rde/xbcr/SID-01595952-53030EC0/internet/docs_0188572_Anti_Stress_Verordnung_27_6_12_e6c9ea9e95c5175108a5997219cdd21be-483dad2.pdf, zuletzt aufgerufen am 14.03.2013
30. *Rubin, Gretchen:* The Happiness Project: http://www.happiness-project.com / http://www.happiness-project.com/happiness_project/2012/06/agree-or-disagree-the-days-are-long-but-the-years-are-short/, zuletzt aufgerufen am 26.02.2013
31. *Freizeit-Monitor 2012, Ausgabe 239, 33. Jahrgang, 28.12.2012:* http://www.stiftungfuerzukunftsfragen.de/uploads/media/Forschung-Aktuell-239-Freizeit-Monitor-2012.pdf

Literatur

Baumeister, Roy F: *Meanings of Life*. New York, 1992.

Blüm, Norbert: *Die Arbeit geht weiter. Zur Krise der Erwerbsgesellschaft*. München, 1983.

Csikszentmihályi, Mihály: *Flow. Das Geheimnis des Glücks*. Stuttgart, 1995.

Faltin, Günter: *Kopf schlägt Kapital. Die ganz andere Art, ein Unternehmen zu gründen. Von der Lust, ein Entrepreneur zu sein*. München, 2008.

Fromm, Erich: *Haben oder Sein. Die seelischen Grundlagen einer neuen Gesellschaft*. München: dtv, 39. Aufl., 2012 (Titel der englischsprachigen Originalausgabe: *To Have or to Be?*, Erstauflage 1976).

Friebe, Holm; Ramge, Thomas: *Marke Eigenbau. Der Aufstand der Massen gegen Massenproduktion*, Frankfurt/New York, 2008.

Friebe, Holm; Lobo, Sascha: *Wir nennen es Arbeit – die digitale Bohème oder: intelligentes Leben jenseits der Festanstellung*. München, 2006.

Gratton, Lynda: *Job Future – Future Jobs. Wie wir von der neuen Arbeitswelt profitieren*, München, 2012.

Handy, Charles: *Beyond Certainty. The Changing World of Organisations*. London, 1995.

Kast, Bas: *Ich weiß nicht, was ich wollen soll. Warum wir uns so schwer entscheiden können und wo das Glück zu finden ist*. Frankfurt am Main, 2012.

Kernis, M. H.; Goldman, B. M.: »A multicomponent conceptualization of authenticity: Theory and research.« In M. P. Zanna (Ed.), *Advances in experimental social psychology* (pp. 284–357). San Diego, 2006.

Myers, D.G: *Psychology*, New York, 2004.

Petit, Philippe: *To reach the Clouds – my high-wire walk between the Twin Towers*. New York, 2002.

Taylor, Charles: *Das Unbehagen der Moderne*. Berlin, 1995.

Rath, Tom: *Strengthfinder 2.0*. New York, 2007

Schmidt, Christopher: »Nichts als Arbeit.« *Hohe Luft*, Ausgabe 3/2012 Hamburg, 2012

Schumpeter Joseph A.: *Kapitalismus, Sozialismus und Demokratie*. UTB, Stuttgart, 2005.

Sinek, Simon: *Start With Why: How great Leaders Inspire Everyone to Take Action*. New York, 2009.

Stroebe, Wolfgang; Jonas, Klaus; Hewstone, Miles: *Sozialpsychologie. Eine Einführung*. 4. Aufl. Berlin, Heidelberg, New York, 2003.

Vonderach, Gerd: »Die Neuen Selbstständigen: 10 Thesen zur Soziologie eines unvermuteten Phänomens« In: *Mitteilungen aus der Arbeitsmarkt- und Berufsforschung.*, Jg. 13, 1980: http://doku.iab.de/mittab/1980/1980_2_MittAB_Vonderach.pdf, zuletzt aufgerufen am 24.01.2013.

Ware, Bronnie: *5 Dinge, die Sterbende am meisten bereuen: Einsichten, die Ihr Leben verändern werden*. München, 2013. (Titel der englischsprachigen Originalausgabe: *The Top Five Regrets of the Dying: A Life Transformed by the Dearly Departing*, Bloomington, 2011.)

Wrzesniewski, Amy, McCauley, Clark; Rozin Paul; Schwartz, Barry: »Jobs, Careers, and Callings: People's Relations to Their Work«: www.faculty.som.yale.edu/amywrzesniewski/documents/Jobscareersandcallings.pdf, *Journal of Research in Personality* 31, 21–33 1997, zuletzt aufgerufen am 02.02.2013.

Zitate

de Botton, Alain: Zitat: https://twitter.com/alaindebotton/status/286901267844968448, zuletzt aufgerufen am 03.03.2013.

Clarke, Arthur C.: zitiert in Kreider, Tim: *The »Busy Trap«*, New York Times Artikel vom 30.06.2012.

Ende, Michael: *Momo*, S. 72, Stuttgart, 1973

Fantastischen Vier, Die: Zitat aus Track Nr. 8, »Smudo schweift aus« auf dem Album: *Die 4. Dimension*, München, 1993.

Fuchsberger, Joachim in der Sendung *Hart aber Fair, Die Zukunft ist grau – leben die Alten auf Kosten der Jungen?* ARD Fernsehen vom 24.09.2012.

Gibson, William, Radiointerview *Talk of the Nation* in *The Science in Science Fiction*, NPR, 30.11.1999, Timecode 11:55 (eigene Übersetzung).

Hesse, Hermann: *Lektüre für Minuten*, Frankfurt am Main, 1971, S.111 (aus Betrachtungen).

Hesse, Hermann: *Lektüre für Minuten*, Frankfurt am Main, 1971, S. 52 (aus Briefen, unveröffentlicht.)

Joyce, James: zitiert in Power, Arthur: »James Joyce – The Irishman«, *The Irish Times* vom 30.12.1944.

Mann, Thomas: *Meerfahrt mit Don Quijote*, im Gesamtwerk IX, S. 430.

Murphy, James: zitiert von Godin, Seth: *Stop Stealing Dreams*. New York, 2012, http://www.sethgodin.com/sg/docs/stopstealingdreamsscreen.pdf.

Oliver, Mary: *The Summer Day. New and Selected Poems*. Beacon Press. Boston, 1992.

Parton, Dolly: Zitat aus Track »*9 to 5*« auf dem Album: *9 to 5 and Odd Jobs*, Nashville, 1980.

Richer, Michael: *Widersprüche – Aphorismen*, Halle (Saale), 2006.

Vonnegut, Kurt: *A Man Without A Country*, New York, 2007, S. 24.

Links

Eigene Unternehmen und Projekte:
www.workisnotajob.de
www.supercraftlab.de
www.hello-handmade.com
www.lemonbooks.de
www.super-work.com

Mentorenprogramm an der University of East London:
www.uel.ac.uk/cewe/

Freunde mit inspirierenden Projekten:
www.holstee.com
www.kollabora.com
www.escapethecity.org
www.shesthefirst.org
www.creativemornings.com
www.studiomates.com
www.dolectures.com
www.holidaymatinee.com

Co-Working und Workshops:
www.coworking.de
www.rockzipfel-leipzig.de
www.kalle-co-werkstatt.de
www.nadelwald.me
www.generalassemb.ly/berlin

Konferenzen und Meet-ups:
www.meetup.com/cities/de
www.work-in-progress-hamburg.de
www.vernetzterleben.de
www.thehive-conference.com

Shops und Community-Plattformen:
www.etsy.com
www.dawanda.de
www.kitchensurfing.com
www.pinterest.com
www.shopify.com

Crowdfunding:
www.kickstarter.com
www.seedmatch.de
www.indiegogo.com
www.startnext.de

Illustrationen

11	workisnotajob Manifest	133	Crisis is over!
15	Work is no longer a place	136	Replace »what if« with »hell yeah!«
22	Unlearn what's untrue	142	Trap
24	You've got to change the way you look at things	146	Hire yourself
29	Monday is funday	149	Fear is a prison
35	Rethink your daily routine	152	Haters gonna hate
39	You have options	154	Share your work
42	Fortune cookie	158	The secret
48	Comfort kills ambition	161	Say Yes! to new things and people
54	Are you living your dream?	167	A head full of fears
58	Think bigger	170	Make the things you wish existed
64	Don't blame monday	174	DIY
68	This is an opportunity	177	The reminder
72	Success is who you are	180	Art is where work meets love
76	Your message to the world	184	You are the artist
80	What you make is important	188	Comparison comes from the devil
84	Where is your fire?	191	The way I do it
86	Money is overrated	194	Some things are not important
90	Life is short	197	Work smart, play more
95	Passion pays well	200	Just say no
100	Do interesting things	204	Work matters
103	Adventure is the best way to grow	208	The world will not end
107	Worry less	210	Trust the process
114	Your dream might be outside this zone	214	Live your art
118	Sign	216	Show up, stand up, speak up
120	Revolution starts here	220	Time is life
123	Fear can't be the driving force	224	Know your why
125	Don't be cynical	228	Trust in the things you love
129	Stop resisting	232	Do not wait for further instructions
		235	I love you, future!